なぜテーマパークでは朝から風船を売っているのか？

テーマパークで学ぶビジネスの教科書

清水 群 テーマパークコンサルタント
Gun Shimizu

河出書房新社

はじめに

この本を手に取っていただいたみなさん、こんにちは。「テーマパークコンサルタント」の清水群（しみず・ぐん）です。

私は株式会社オリエンタルランド、株式会社ユー・エス・ジェイ（２０１９年３月時点で合同会社ユー・エス・ジェイ）という日本の二大テーマパークをそれぞれ運営している会社に勤めたのちに、テーマパークコンサルタントとして独立しました。

独立後は、テーマパークコンサルタントという名前のとおり、テーマパークや遊園地の接客改善やメンテナンス方法の確立など、その地域のお客様が安心して楽しんでいただける施設運営のサポートをしております。

また、テーマパークや遊園地のコンサルテーションだけではなく、テーマパークで遊びながらマーケティングや人材育成などのビジネスを学ぶ「テーマパークで社員研修」という研修もサービスの１つとして展開しております。本書はその「テーマパークで社員研修」の一部を体験していただける内容となっております。

タイトルの『なぜテーマパークでは朝から風船を売っているのか？』、みなさんは疑問に思いませんか？　朝から風船を買うと、途中で手を放してしまうと飛んでいってしまいます。最近でこそおもりが付いていて飛んでいくことも少なくなりましたが、乗り物を利用するときも持っては乗れないですし、どこかに預けたり一緒に遊びに行った人に持ってもらったり、いちいち面倒です。

それがわかっているので朝から買う人は少ないです。でもテーマパークでは朝から風船を売っているんですよね。なぜでしょう。実はこれこそマーケティング上で非常に重要なことが隠されているのです。

もちろん風船だけではなくてテーマパークや遊園地の乗り物、施設からもビジネスに活用できる要素をたくさん学べますので、楽しみながら読んでいただければと思います。

本書は第1部の「二大テーマパークで学んだこと」、第2部以降の「テーマパークで遊びながら学ぶ」から構成されています。本書のコアな部分は、第2部に書いていますが、そもそも私がどういう人物なのか知っていただくために第1部があります。

私自身は中小企業診断士という経営コンサルタントとしての国家資格を保有していますが、合格するためにたくさん勉強しました。でも遊びながら勉強ができれば最高ですよね。それがテーマパークや遊園地ではできてしまいます。

難しいことは苦手だな、勉強はあまり好きじゃないなという人でも気軽に読んでいただける内容です。ぜひ本書からビジネスを深く知るきっかけを持っていただき、仕事自体が楽しいと感じられる人が増えて、1人でも多くの人が充実した人生を送っていただければと願っております。

それではみなさん、テーマパークからビジネスを学ぶ準備はよろしいでしょうか？

一緒にテーマパークへ出かけましょう！

Contents

なぜテーマパークでは朝から風船を売っているのか?

Part 1
第1部：二大テーマパークで学んだこと

Part 2
第2部：テーマパークで遊びながら学ぶ

第1章　マーケティングの教材があるエントランス

第2章　人材育成の秘訣はジェットコースターの待ち列に？

第3章　メリーゴーラウンドに学ぶ「一流」とは

第4章　飲食店・物販店での数字の見せ方や五感の刺激方法

第5章　観覧車のように気づいてもらうには？

本文イラスト：© Marina Zlochin - Fotolia

Part 1
第1部：二大テーマパークで学んだこと

◉生きるうえで大切なことを学んだディズニーランド

第1部は、私の経歴のご紹介でもあります。ディズニーランドとユニバーサル・スタジオ・ジャパンという二大テーマパークにおいて接客から機械のメンテナンス、設計まで業務として行ない、その後独立しているというかなりユニークな経歴です。

講演でも自己紹介を30分くらいお話しするのですが、ユニークな経歴で学んだことは、それ自体もユニークです。第2部の「テーマパークで遊びながら学ぶ」でお伝えする内容を支える人たちって一体どんな人たちなのでしょうか？

私は、最初に就職したのが株式会社オリエンタルランドでしたが、就職する前に筑波大学でエネルギー関係の機械工学を学んでいました。将来は博士号を取って学者の道に進むことを考えていました。

ただ、大学院に進んでから、研究を続けるということについて、知識やスキルのハードルが高いと感じたり、博士号を取ろうとしているほかの学生と情熱面での差を感じ、学者の世界を諦《あきら》めて就職しようかなと思い始めました。

そこで悩んだのは、就職してどうしようということです。もともと学者として研究を続けるつもりでしたので、就職するイメージはありませんでした。なんのために就職するのか、何がやりたいのかまったく白紙で、とりあえず自分の研究分野が活《い》かせそうなところというのがスタートでした。

そんな状態で仕事を考えるうえで、私の価値観を形成していたのが、父です。私の父は当時、工業高校でデザイン科の教師をしていて、ときどき個展などを開いていました。そんな父の芸術家としての姿を見ていたせいか、好きなことを仕事にすることや、自分の専門を活かせる「世界で唯一の仕事」とは何か？　ということを考えました。

そこで真っ先に頭の中に浮かんだのが「ディズニーランド」というわけです。

機械を勉強してきたので、モノづくりには関わり続けたい。そしてどうせつくるなら世界で唯一のモノづくりをしたい。そういう思いがきっかけとなり、ディズニーランドのアトラクション（遊戯施設）の設計がやりたい！　と思い、同社に就職しました。ディズニーランドのアトラクションってディズニーランドにしかないですからね。

ディズニーランドにはたったの2年間しかいませんでしたが、実に多くのことを学ばせていただき、今でも感謝しております。

ディズニーランドでは、最初にディズニーランド内のアトラクションの運営を担当し、その後、ジェットコースターのメンテナンスや部品設計などを担当しました。

表側、裏側それぞれの仕事をしましたが、やっぱり思い出されるのは、お客様から感謝されるということ、そしてその悦《よろこ》びでしょうか。モノづくりの仕事というのは、一般的には自分たちの仕事の成果としてできあがったモノをお客様が使っている現場を直接見ることは少ないです。

しかし、テーマパークは事務所から壁《かべ》を一枚隔《へだ》てたところにお客様がいらっしゃいます。メンテナンスをしていると、ジェットコースターだったらお客様の楽しそうな悲鳴が聞こえてくるわけです。自分たちが魂込めて1本1本ネジを締《し》めたり、細かい部分まで点検した結果としてお客様の反応が見られるのです。これは嬉《うれ》しかったですね。

そして表側に出るとお客様から「ありがとう」と言っていただける。テーマパークに限らず、誰かのために働いて、感謝してもらえると嬉しいですよね。それが毎日のようにあふれる職場なので、テーマパークってお客様もそうですが、働く従業員にとっても素《す》晴《ば》らしい場所だと思いました。

◉子どものころから憧《あこが》れるディズニーランド

私は現在、「テーマパークコンサルタント」として独立、①テーマパーク・遊園地のコンサルタント②一般的な中小企業の経営コンサルタント③講演・研修の講師を3本柱として仕事をしています。

それぞれの仕事において、私がディズニーランドの素晴らしさをみなさんにお伝えすると「ディズニーランドには優秀な人材が最初から入ってくるでしょうから、そんなの当たり前だと思いますよ」、「それってディズニーランドだからできるんですよね？」と反論されます。

そこで私は「そうですよ」とお答えしています。それじゃあどうしようもないじゃ

ないかと思われるかもしれませんが、

「では、なぜ優秀な人材がディズニーランドに入社すると思いますか？　志の高いかたがアルバイトに来ると思いますか？」

とみなさんに質問すると、「給料がいいからではないですか？」「ネームバリューではないですか？」「ディズニーランドのようなテーマパークが好きなんでしょう？」と答えられます。

私自身もディズニーが大好きなので、該当《がいとう》するところもありますが、私は「ディズニーランドへの憧れを持って入社して来るからではないでしょうか。アルバイトのかたも同じ理由からだと思います」と答えています。

どういうことかと言いますと、ディズニーランドで働く人たちは、子どものころからディズニーランドで遊んだことがあり、そのときに楽しい思い出をつくっているのです。

それは、アトラクションかもしれませんし、ショーやミッキー・マウスのようなキャラクターかもしれません。ディズニーランドでは従業員をキャスト、お客様をゲストと呼びますが、そのキャストから楽しい思い出をつくってもらえたのかもしれません。

「私も大きくなったら、あのお兄さん、お姉さんみたいになりたいな」と子どもたちに憧れられるのがディズニーランドなのです。

　第9章でも詳しくお話ししますが、憧れたあのキャストみたいになろうと入社前から、社会人としてのあり方や行動イメージができているのです。その結果、会社が求める人材が自然と集まってくると私は考えています。

「毎日が初演」とは、ウォルト・ディズニー（1901〜1966）の有名な言葉です。仕事をしているキャストにしてみたら「毎日が同じ繰り返し」で気持ちが緩《ゆる》むこともあるでしょう。でも、それではゲストの楽しい気持ちも台無しになってしまいます。

　そこで、キャストは「毎日新鮮な気持ち」を保つため「毎日が初演」という気持ちで、いろいろと工夫をしているのです。そういった姿を諸先輩方がお客様はもちろん、後輩にも見せ続け、その姿勢を代々受け継いでいるので、優秀な人材がずっといるのだと私は信じています。

◉ディズニーランドで感じた「利他の精神」

ディズニーランドへ行ったら、ぜひウォルト・ディズニーとミッキー・マウスの銅像（パートナーズ像と呼ばれています）の下を見てください。

株式会社オリエンタルランドの二代目社長である高橋政知（たかはし・まさとも）さん（1913〜2000）の言葉で、このように書かれています。

私たちは絶えることのない人間賛歌の聞こえる広場をめざして東京ディズニーランドをつくりました。夢と勇気と希望にかがやく世界中の人びとの顔がこの広場にいつも満ちあふれていることを心から願って…。

私は、この言葉から「利他の精神」を感じました。実際にディズニーランドのキャストは、目の前のゲストに心から喜んでいただこうと、いろいろな角度からホスピタ

リティ（おもてなし）あふれる行動を取ります。

私が先輩から聞いた話ですが、それを象徴するかのような話があります。

ジェットコースターに乗ったあと、気持ちが悪くなった子どものゲストがいました。降りて思わず嘔吐《おうと》してしまいました。

そのとき、近くにいたキャストが取った行動とは？

「手で受け止めた」

のです。

衛生上、嘔吐したものを手で受け止めるのはNGでしょう。テーマパーク・遊園地によって細かいルールは異なりますが、少なくとも素手《すで》で触るようなルールになっているところはないはずです。

でも、思わず手で受け止めてしまったのです。

「この子に嘔吐してしまったという嫌《いや》な記憶を残してほしくなかった」

からです。

以下は、知人から聞いた話です。

ある地方の中学校で水泳大会があったそうです。ほかの生徒たちは既にプールから上がっていたのに、1人の女生徒は、まだ真ん中あたりを泣きそうな顔をして泳いでいました。

そのとき、背広を着たまま飛び込んだ先生がいました。「先生がついているから大丈夫だよ」と笑顔で話しかけました。

その女生徒は、身体に障害がありました。でも、飛び込んでくれた校長先生のおかげで無事ゴール、「一生忘れられない思い出」になったそうです。

このように、誰かを思うと、気持ちより体が思わず動いてしまいます。もちろんすべてが称賛されるわけではありません。嘔吐の例でもそれが原因で二次被害が出ることもあります。プールの例と場面は異なりますが、川で溺《おぼ》れている人を見つけて、助けようといきなり飛び込むのは、こちらも二次被害の可能性があるので、推奨《すいしょう》されないでしょう。何が最優先か、ここの判断ができるということは大切です。

でも嘔吐の例はそのキャストを頭ごなしに怒《おこ》ることができないと思うんですよね。気持ちに共感したうえで、次はどうすべきか一緒に考える人でありたいです。

目の前の相手のために思わず動いてしまう。この「利他の精神」こそ、仕事の源泉ではないかと思います。

そういう意味で、ディズニーランドなどテーマパークに代表されるサービス業は、誰のために働いているのかわかりやすいので、生き生きと働きやすい環境といえますね。

メンテナンスをしているときによくお世話になった部品に「究極のゆるみ止めナット」として世界的に有名なハードロックナットというものがあります。その企業名もズバリそのままわかりやすく、ハードロック工業株式会社というのですが、同社の経営理念として実行している考え方に『たらいの水の原理』があるそうです。

「たらいに入っている水を自分のほうへ引き寄せようとすればするほど、水は逆に向こう側へ流れていってしまいます。ところが、たらいの水を相手のほうへ押し出せば押し出すほど、逆に水はこちらのほうへ流れてくるのです。

つまり、お客さまや社会に喜んでいただく努力をすればするほど、それは自分に返ってきます」

とハードロックナットを開発した若林克彦社長は語っています。

これは『天国と地獄の長い箸《はし》』と同じですね。

むかし、ある男が天国と地獄で食事しているところを覗《のぞ》いてみました。

両方とも「長い箸」で食事しなければならないのですが、地獄では、その長い箸で自分の口へ入れようとしますが、箸が長すぎてどうしても入りません。天国では、その長い箸で向かい側の人の口へお互いに入れてあげたので上手に食べることができました。結果、地獄の人たちは痩《や》せこけて苛立《いらだ》ちからケンカばかりしていました。天国の人たちはお互いを思いやっているため、仲良く暮らしていました。

自然の摂理《せつり》でも昔からの教訓でも、やはり利他の精神は重要のようです。そしてそれは自分のためだけではなく、まずは相手のためという気持ちがあるから自分にも返ってくるのだということも忘れてはならないポイントです。

◉ジェットコースターの死亡事故で考えさせられる

私がエンジニアとして仕事を始めたところにあったできごとです。

大阪にエキスポランドという遊園地がありました。私も子どものころに1度か2度行ったことがあるのですが、2007年にそこにあったジェットコースターで死亡事故が起きました。

かなり悲惨《ひさん》な事故で、業界を問わず大きなニュースとなりました。

そのニュースがあったときの私の仕事はなんだったかと言いますと、ジェットコースターの安全バーの設計でした。お客様の安全を守るうえで非常に大切な部品の設計です。そういった状況で、このニュースを見て私は、「自分の仕事は、ひとつ間違えると人の命を奪《うば》うことにもなるんだ」と改めて責任の重さを痛烈に感じると同時に、仕事をするのが怖《こわ》くなったことをいまだに覚えています。

もちろん安全面で私の仕事を先輩や上司が確認してくれます。それでも絶対というのはありえないわけですから、やっぱり怖かったです。それは安全上で大切な部品だけにとどまらず、例えば天井から吊《つ》るすだけのようなものでも怖いと思いました。だって天井から吊るしている部品が落ちて、その下に人がいればケガをするわけですから。

この事故が私にとって大きな転換点となりました。人一倍、安全にはこだわるようになり、そして転職のきっかけともなったのです。

◉なぜ2年でディズニーランドを辞めたのか

冒頭にお話ししたとおり、私は、恵まれた環境のディズニーランドをたったの2年間で辞めてしまいました。

きっかけは先ほどの大阪のエキスポランドの事故です。あの事故以来、1つひとつの安全性が気になって仕方なくなりました。

もちろんディズニーランドなので世界中のテーマパークや遊園地を見渡しても、安全レベルは非常に高い水準にあります。でも自分で確認しないと気が済まない性分《しょうぶん》なのですが、なんせディズニーランドも広いですからね、何から手をつけていいかよくわからない状態でした。漠然《ばくぜん》と不安を感じ、いわゆるモヤモヤとした状態です。

先輩にもたくさん話を聞いていただきながら、2年目の自分に何ができるのだろうと自分探しではないですが、模索し続けていました。

そんなとき、オープンしてから5年ほど経《た》った大阪市にあるユニバーサル・スタジオ・ジャパンへたまたま遊びに行ったのです。

ユニバーサル・スタジオ・ジャパンの技術力は優《すぐ》れている、という噂《うわさ》を業界内では聞いていたので、それを確認する目的もあって初めて行きました。非常にマニアックな話ですが、走っているジェットコースターの支柱を触ってみたんですよ。ちなみに誰でも触れますし、危険行為ではありません（笑）。

そうするとよくある遊園地のジェットコースターだったら支柱がかなり振動するのに、ユニバーサル・スタジオ・ジャパンのジェットコースターは振動がほとんど感じられないわけです。エンジニアとしてこの設計思想に触れてみたいと純粋に思いました。

そうやって遊んでいるときに従業員に写真を撮《と》ってもらいました。すると、「お兄さん、めちゃ、ええ笑顔ですやん」と関西弁丸出しで言われたんですよ。

ディズニーランドでキャストとして表側で勤務していたときは、調和とか自然にということを先輩から教えられていました。ですので、関西弁の衝撃といったらなかったです。

ただ私はそこに、ユニバーサル・スタジオ・ジャパンでは、自由度が高いというか、いい意味でやりたい放題という感じを受けました。従業員の方々もみんな生き生きとしていました。もちろんディズニーランドの従業員も生き生きしていますので、モヤモヤしたタイミングの私には隣《となり》の芝生《しばふ》が青く見えたのかもしれませんね。

ここだったらモヤモヤが吹き飛ばせるかもしれない。そう思った私は、株式会社ユー・エス・ジェイのホームページを見ました。そうするとタイミングよく、現場のメンテナンス職が募集されていました。私は「これはそういうタイミングだ」と思い応募したところ、内定をいただきました。

ただ、気がかりだったのは、株式会社オリエンタルランドで私は正社員でしたが、株式会社ユー・エス・ジェイでは契約社員からのスタートということ。

業績では断トツ1位の正社員から、今でこそV字回復したユニバーサル・スタジオ・ジャパンも当時はあまり芳《かんば》しくない状態での契約社員。生活もありますからね。ここで働いてみたいという思いと生活面での安定を天秤《てんびん》にかけて、内定をいただいているのに大変失礼ですが、かなり悩みました。

そのことを株式会社ユー・エス・ジェイの人事部のかたに正直に打ち明けたところ、「技術部の部長に会ってみますか」と勧《すす》められました。

ぜひということで部長にお会いして、私がこれまでしてきたこと、これからやりたいことなどをお話ししたところ「いいじゃない、やってみたら」と二つ返事でＯＫしてくれました。もうビックリ！　たかだか社会人2年目の若手ができるかどうかわからないことをやりたいと話しているのに、二つ返事でＯＫとは。

ここで私は、まず承認してあげることの大切さを学びましたね。もちろん経営資源に限りがありますから、なんでもやっていいわけではありません。でも頭ごなしに否定するのではなく、承認してチャレンジの機会を与える。人材育成で大切なことの1つではないでしょうか。

こういう経緯で株式会社ユー・エス・ジェイに転職しました。もちろん株式会社オリエンタルランドに在籍し続けてもいい人生だったかもしれません。でも今こうやっていろんなテーマパークや遊園地のために仕事をして、その地域の人たちが楽しめる場を提供し続けられているのは、あのときの転職があったからこそです。

◉素敵な上司たち①「上司ってそういうもん違うかな」

現在、「ドローン」の映像をテレビでもよく見るようになりましたが、10年以上前は、まだここまで普及していませんでしたし、まだまだ実用段階ではなかったのではないでしょうか。

ただ、私は大学時代、空気の流れや水の流れなどの流体力学を研究していましたので、ドローンが理論上で実現可能であることを知っていました。ドローンを光らせながら空に飛ばしたら、きっと光の玉が浮いているように見えるのではないかとテーマパークにどう活かすかも考えていました。

そのことを面談した株式会社ユー・エス・ジェイの技術部長にお伝えしたところ「それは面白いじゃないか」と認めていただきました。ただ、繰り返しになりますがドローンが確立されている時代ではありません。もし実施するなら研究から始めないといけないレベルです。

さすがに意見が認められたといっても、まだまだ駆け出し。現場のメンテナンスから部品設計などやりたいことに向けて、できることをコツコツと続けていきました。そしてのちほどお話しするのですが、中小企業診断士の資格を取って、技術関係から「業務改善」の部署に異動したころです。技術部長が私に話しかけてこられました。

「ぐんちゃん、あれやるぞ」（下の名前が「ぐん」といいますので、よく「ぐんちゃん」と呼ばれます）

「あれってなんですか？」

「入社前の面談のときに光の玉を浮かせるって言ってたやろ？」

そうです。ショーで実際に光の玉が浮いたんですね。もちろんそれをやりたいと言っていた私が実現させたのなら格好良かったのですが、そのときに私が思ったのは別のことです。

「あの話、もう5、6年前ですけど、なんで覚えてはるんですか？」

私としてはまだ入社するかわからない人間の発言を覚えていらっしゃったことが衝撃だったのです。株式会社ユー・エス・ジェイは従業員数も多いですからね。そうし

たら技術部長は、

「上司ってそういうもん違うかな」

と言われました。そこまで部下に対して、関心を持っている。私の中で、人の上に立つ人のイメージがより具体化されたできごとでした。

経営者や管理職のみなさん、いかがでしょうか。従業員や部下のこと、どれくらい関心を持って見ていますか？

◉素敵な上司たち②「ぐんちゃんに任せるね」

私が株式会社ユー・エス・ジェイに転職した直後は、アトラクションのメンテナンスをしていました。

どのテーマパークや遊園地もほぼ同じですが、アトラクションは開園前や閉園後のゲストがいない時間帯にメンテナンスや点検を行なっています。開園中は、予備の車両などを細かく点検したり、突発的な故障への対応などをするのが、テーマパーク・遊園地で働くメンテナンスの仕事です。

そして、このアトラクションのメンテナンスには絶対的なミッション（使命）があります。

何か不具合があった場合、翌日のオープンまでに修理すること。もちろん1日で終わらないものもありますが、基本的には翌日のオープンまでに修理します。

私が入社して3週間位経って慣れた時期に、不具合が何件か重なったことがありました。調査に時間がかかる案件ばかりで、作業にかかれる人数も限られていますので、翌日のオープンに間に合うかどうかちょっと厳しい状況でした。

そんなとき、先輩に言われたのが、通常の点検について「ぐんちゃんにしか任せられないからお願いしてもいいかな？」でした。私としては二つ返事でしたが、この言い方はよく考えると「人をやる気にさせる」ものですよね。

まず相手に対して、あなたしかできないことだと実力を承認されています。上司や先輩に認められるということは、やっぱり嬉しいですよね。それに、任せてもらえるというのは、意気に感じて「やってやろうではないか」という気持ちになります。

そして、この言葉が素晴らしいのは、決して「押し付けていない」ことです。ほぼ上からの指示ではありますが、「お願いしてもいいかな？」という表現で押し付けてはいません。あくまでも受け手側が判断していいのです。そうすると上からの指示ではありますが、自分でやると決めましたので、その分、行動しやすくなりますね。

この先輩とは、私が独立してからもときどきお会いしていますが、「新人とはいえディズニーランドでの経験があるので任せた」と言われていました。

言葉だけでなく、バックアップもしていただいたので、大変なチャレンジでしたが、安心してできました。今でも、いい思い出です。

◉素敵な上司たち③「私が責任を取るから」

私は、テーマパークで安全管理の仕事をしていました。テーマパークで安全を守るということは非常に難しいことです。安全を追求しすぎると、エンターテインメント性（楽しさ）が失われて面白くない施設になってしまいます。

例えば、演出にレーザーを使ったとします。レーザーを使うと夜の演出としては非常に華《はな》やかなものになりますね。しかし、レーザーのレベルにもよりますが、レーザーが直接目に当たると失明してしまうものもあります。

だからレーザーのレベルによっては、人に向かっていないかどうかチェックする必要があります。より安全を考えると人からレーザーを離せば離すほど安全性は高いです。しかし距離が離れると臨場感が損《そこ》なわれます。

このように、安全ばかり追求すると、エンターテインメント性が損なわれ、テーマパークとしての魅力がなくなります。ですから「安全でチャレンジする」ということは、安全でありながらエンターテインメント性をより目指すということでもあります。レーザーの例だと、どこまで近づけられるかです。しかし、チャレンジというと聞こえはいいですが、もしかしたらケガをされるゲストが増えることになるかもしれません。どこまでやるかの判断が非常に難しくなってきます。

そこで、言われたのが「私が責任を取るから」でした。株式会社ユー・エス・ジェイ時代に私が尊敬していた上司の一言でした。その一言で「よし、頑張ろう！」と思ったものです。

ただ、この言葉だけで本当にそうなるのか？　やはり大切なことは、おっしゃった本人の「行動が伴う」ことです。「言行一致」でなければなりません。安全に関しては確実な判断をされるかたでしたし、ふだんから先頭に立って引っ張っていただいたかたでした。

さらに、部下を思う心が伴っているので、部下も本気になるのです。実際、この上司の下で働いていたときは、私だけでなく、部下全員が、チーム全体が、成果をガンガン出していました。

このように株式会社ユー・エス・ジェイでは、「チャレンジ精神」が大いに鍛《きた》えられました。

◉素敵な上司たち④男は背中で語る

管理者やリーダーは、見られる立場にあります。ふだんから発言や行動が周囲から見られています。だから模範《もはん》とならなければいけません。もちろん失敗もするでしょうが、失敗したときの行動も見られています。「ルールを守りなさい！」と言う人は、ルールをふだんから守っていなければなりません。言った本人が守らなければ、言われた側はルールを守りません。

チャレンジを後押しする言葉もまったく同じです。「責任を取るから」と言われても、すぐ他人のせいにするような人だったら「どうせ口だけだろう」と思われて誰からも相手にされなくなってしまいます。私が、先輩や上司の言葉を意気に感じていたのは、ふだんから彼らの背中を見ていたからだと思います。

例えば、テーマパークや遊園地には、「急流すべり」のように水を扱うアトラクションがあります。構造上、水を抜くことができるものが多いですが、水を抜くと時間がかかります。そこで、水を抜かずにドライスーツとかウェットスーツなどの専用ウェアで水に浸《つ》かって仕事をします。

私の先輩で泳ぎの苦手なかたがいました。職場のリーダー的なかたです。ある日、水に浸かりながら行なう作業があったのですが、そのかたが「自分も手伝う」と言われたのには驚きました。泳ぎが苦手なのにです。

もちろん、ドライスーツを着ていれば自然に浮かぶので、水の中に沈むことはありません。でも、一部深いところがあり、泳ぎの苦手なかたからすれば、かなり怖《こわ》いはずです。それなのに自ら手を挙げられました。自分も現場の作業を理解しようとしてチャレンジされたわけです。

「カッコいい」と思いませんか。私たちは、そうしたリーダーの姿をふだんから見ているから「その人のために」と思うことができますし、チャレンジを後押しする言葉を言われて、それを素直に受け取ることもできるわけです。

そういった姿を見せるだけで、言葉にしなくても、部下が自主的に動いていることがあるかもしれませんね。部下は、リーダーの一挙手一投足をただ見ているのではなく、じっと観《み》ていますから。

◉テーマパークの人材育成は教育ではなく○○

テーマパークの人材育成の神髄《しんずい》とはなんでしょうか？

まず、ディズニーランド時代の話です。私も新入社員時代、アトラクションのキャストとして園内で働いていたことがあります。トレーニングでいろいろと教えていただくのですが、答えを教えてくれるものと教えてくれないものがありました。

答えを教えてもらえるのは、「やらないといけないこと」、「やってはならないこと」で、どちらも「なぜやらないといけないのか」、「なぜやってはならないのか」理由を教えてもらいました。

一方、「やったほうがいいこと」については、言葉として教えてもらえませんでした。

例えば、事務所のゴミ拾い。清掃担当のかたがいらっしゃるので、絶対にやらないといけないかというと、「やったほうがいい」という部類かと思います。でも、従業員はゴミに気付いて率先《そっせん》して拾っています。

「みなさん、きちんとゴミを拾ってすごいですね」

と私が言うと、

「どうして、そうしてるんだろう？」

と質問されました。

このように、理由を考えさせようとする場面が、ディズニーランドでは多かったように思います。

一方、株式会社ユー・エス・ジェイでは、自分がチャレンジしたいことは、基本的にはチャレンジさせてくれる会社でした。もちろんなんでもかんでもではなく、プレゼンをしたうえで、ですけどね。1位（ディズニーランド）がやっていないことをやる、それは「まだ誰もやっていないこと」です。

そうなると、自分でいろいろ調べるしかないですし、やったことがないことは自分でやってみるしかない。そしてやってみた結果を振り返って、改善する。そのプロセスが、自分自身を育ててくれたと思っています。

というわけで、二大テーマパークの人材育成の神髄とは、「教育ではなく学習」です。

教育は、教える側が必要だと思うことを相手に伝えることで、ときには一方通行になります。

学習は、学ぶ側が自分が必要と思うことを自分で調べたり教えを乞《こ》うたりすることです。

「教育と学習」どちらも何かを学ぶということは同じですが、発信源が違います。どちらのテーマパークも、「学ぶ側発信」で学んでいます。

人の成長を決める『7：2：1の法則』という話を聞いたことがあります。

1は、自分で書籍などから勉強する

2は、OJT（職業訓練）のように誰かに教えてもらう

7は、学習してPDCA（継続的改善手法）を回すこと

だそうです。

教えてもらうだけでは10の成長のうち2しかないそうですが、その学んだことを使ってみたり、その経験から次回のやり方を変えてみたりアウトプットすると、2が7に大きく化《ば》けるそうです。

まさに二大テーマパークは、その7の部分を実践させているんですね。

ディズニーランドでは教え過ぎず考えてもらう。

株式会社ユー・エス・ジェイではチャレンジさせる。

それぞれやり方は違いますが、学習を促《うなが》す環境づくりができています。

◉「中小企業診断士」でエンジニアから畑違いの部署へ

株式会社ユー・エス・ジェイに数年も勤めていたころになると、業務も拡大していき、中途採用でメーカーから転職してくる人も多かったです。

私は、そのころはまだ役職のない契約社員でしたが、彼らは入社してすぐに役職に就《つ》きました。

また彼らは設計の専門家ですから、社内で彼らと設計だけで社内競争に勝てないと思いました。テーマパークの仕事は多岐にわたるので、設計に業務が集中するというわけではないのです。そういう環境で設計スキルは追いつけないと判断しました。

ちょうどそのころ、先ほど登場しました「私が責任を取るから」と言っていただいた私の尊敬する上司が転職したため、「あのかたのようなエンジニアになりたいなあ」という目の前の目標がなくなっていました。「これからどうしよう？　何かほかに得意分野を持たないと彼らに太刀打《たちう》ちできない」と思っていたところ「中小企業診断士」という資格があることを知りました。

私の妻が「社会保険労務士」の勉強をしていたので、私も刺激されてパンフレットなどを取り寄せて見ていたところ、中小企業診断士だったら設計などの仕事も経営的な感覚で見ることができるので、ほかの人にはないスキルになるのではないかと思い、チャレンジすることにしました。実際に勉強してみると、それまで見るのも嫌《いや》になるほど大嫌いだった財務会計が実に面白かったですね。テキストや講師の差でしょうか。

また、タイミングよく社内に「業務改善」の部署ができることになりました。これは勉強しながら実経験も積めるのではと思い、エンジニアの道をスパッと捨てて異動させてもらいました。

ただ、中小企業診断士の試験はかなりハードルが高かったです。一次試験と二次試験があり、私は運よく1回で合格しましたが、一次と二次をストレートで合格する確率は約４％という狭き門でした。そのため私は１２５０時間も勉強しました。

中小企業診断士の資格を持っているおかげで現在、独立してから大阪市など行政の仕事もいただいています。

また経営コンサルタントの仕事をしていると「あいつは中小企業診断士の資格を持っているから経営のこともわかるな」という裏付けにもなっています。

◉私が独立を決断した「使命」とは？

株式会社ユー・エス・ジェイに入社してアトラクションのメンテナンスや部品設計、中小企業診断士の資格を取得して業務改善など、様々な業務を行ないました。私としては、テーマパークという業界を離れるつもりはありませんでしたので、このまま株式会社ユー・エス・ジェイに勤め続けるという気持ちでした。業績もいい時代でしたしね。

では、なぜ株式会社ユー・エス・ジェイを辞めて独立したのでしょうか。働く環境としては恵まれていましたので、ネガティブな理由はまったくありません。辞めて独立したのは自分の使命に気がついたからです。

業務改善の部署に異動する前のことです。先ほどのエキスポランドの事故ほど悲惨《ひさん》ではないものの、各地の遊園地で事故がありました。そこで全国のテーマパーク・遊

園地の安全性を高めるために、国土交通省の建築基準整備促進事業という事業のメンバーとして全国の遊園地を回りました。安全に関する調査です。

私は現在、地方の遊園地のコンサルタントもやっているのでよくわかるのですが、地方の遊園地の場合、平日であれば1日の入場者がゼロということもあります。100人来たら「今日は凄《すご》いね！」という感じです。

九州の遊園地へ調査に行ったときのことでした。お客さんは何十人しか来ていませんでしたが、二大テーマパークと違って、お客さんの喜ぶ表情が1人ひとりはっきりと見られるので「みんな幸せそうでいいいな」と思う反面、職業柄、危ないところもたくさん見つけてしまうわけです。

せっかく家族や友達同士で楽しんでいる場なのに、事故があればすべて残念な思い出になってしまう。もちろんみんなが行きたいときにディズニーランドに行ければいいです。しかし私が拠点としている関西からでも、交通費などを考えると頻繁《ひんぱん》には行けません。

こういった地方の遊園地の安全性を高めて、この笑顔を守らないといけない。そして、ずっと安全にこだわり続けて、海外でも安全について学んだ自分にはそれができる。笑顔があふれるテーマパークや遊園地であり続けてほしい。そう思って自分の使命は「世界中の笑顔を守る」ということだと気づき、独立するきっかけとなりました。ちなみに私の会社は株式会社スマイルガーディアンという名称ですが、使命の「笑顔を守る者」という言葉を英語にして『スマイルガーディアン』としています。

◉『出川哲朗のアイ・アム・スタディ』に出演

独立して、テーマパークや遊園地のコンサルテーションを行なっていますが、かなりニッチ（すき間）な職業ですので、テレビ出演の依頼をいただくこともあります。名古屋市に２０１７年４月１日にオープンした『レゴランド』というテーマパークが評判になっていました。

「どうして、そんなに注目を浴びるのだろう?」ということで、日本テレビの『出川哲朗のアイ・アム・スタディ』という番組から出演依頼をいただきました。放映されたのは２０１７年12月７日です。午後７時のゴールデンタイムで２時間の特番でした。

ちなみに番組出演については、本当は私の先輩が出演されるはずでした。しかし仕事のご都合で出演が叶《かな》わず、代理として私を紹介いただいたのです。本当に貴重な経験となりましたので、その先輩には今でも感謝しております。

番組内容ですが、レゴランドについて、出川さんにテーマパークの専門家である私がレクチャーするというものでした。番組で取り上げられたのが、レゴランドの入場料が高いということ。二大テーマパークに比べれば安いですが、敷地が広くないわりには高すぎるという評価でした。また、ターゲットが子どもですので、たしかに大人からしたら少し高い感じがするかもしれませんね。

でも、私は「レゴランドは素晴らしい施設だと思います。ほとんどのアトラクションに何か操作する、探すなどのプラスアルファがあって『知育』の観点からお勧《すす》めできる施設です」と出川さんにお話ししました。知育の意味について、出川さんが「子どもとかを預ける……」とボケをおっしゃったときに、「保育ですね」とツッコミを入れさせてもらえたのは、アドリブでしたが、いい思い出です。

そのあと、レゴランドの広報のかたと私が対決することになりました。私がそのかたに一番言いたかったことは、「もう少しプロモーションをがんばってほしい」ということです。そもそもレゴランド自体がまだまだ知られていません。あんなに素晴らしい施設なのに、知られていないことにはお客さんが集まるはずはありません。

また、ＣＭから、レゴランドの本当の魅力である「知育」がなかなか伝わってきません。

こんなことを言うのも、レゴランドが大好きだからです。私の娘も朝から閉園時間までずっと楽しそうに遊びます。本当にめちゃくちゃ素敵な施設です。小学生以下のお子様がいらっしゃるかたは、ぜひご家族で行ってみてください。

レゴランドもそうですが、日本には素晴らしいテーマパークや遊園地でも消費者にまだまだ知られていない施設がたくさんあります。もちろんプロモーションにかけられるコストにどうしても限界があったり、プロモーション方法が定まっていなかったりという現状も独立して知ることができました。そういったプロモーションの支援も私の仕事ですが、こういったテレビ出演をとおしても業界を元気にしていきたいですね。

ところで、出川さんには救われました。収録とはいえ、テレビ初出演だったことに加え、いきなりゴールデンタイムの特番でしたから、かなり緊張していましたが、出川さんの気さくなお人柄であったり、ときにセリフをかんだりされるところを見て、リラックスできました（笑）。でもそういうところもある一方で、私のお話はしっかり目を見ながら、大きくうなずきながら聞いていらっしゃったのです。また、出演者、スタッフさんに対しても、とても礼儀正しいかたです。本当に人気のあるかたって、テレビには映らないところの姿勢にも人気の秘訣《ひけつ》があるんだろうなと勉強になりました。

◉TBS『ひるおび！』に生出演

ユニバーサル・スタジオ・ジャパンの人気ジェットコースター『ザ・フライング・ダイナソー』が緊急停止、乗っていた32人が一時取り残されるというニュースがありました。

2018年5月2日、このニュースでTBS『ひるおび！』に生出演しました。ほとんどが電話でのインタビューですが、これまでテレビに10回出させていただいた中の8回がジェットコースターの停止問題です。「ジェットコースターが止まったらテレビに出る人」というあまり好ましくないブランドです（笑）。

でも、生放送で出るのは『ひるおび！』が初めて。台本があって、番組の流れを事前に確認しました。どのタイミングで私が話せばいいのか書いてあるのですが、まったく頭に入りません。さすがに初めての生出演ということで、こちらの番組でもかなり緊張していました。一丁前にやり直しがきかないからとか考えると、下手《へた》なことを話せないなと思ったからです。

でも、司会の恵俊彰さんが質問してくれますので、それに合わせて答えればいいと覚悟を決めて本番に臨《のぞ》みました。それでも緊張していたと思います。恵さんが、CM中に進行を気にしながら話しかけてくれました。

「ディズニーランドとユニバーサル・スタジオ・ジャパン、どっちが好きですか？」

「えっ!?　そんな質問ですか？」という突拍子もない質問でしたが、そのおかげで、

だいぶリラックスしてきました。よっぽど私の表情がこわばっていたのだと思います
が、そこから緊張していることを見抜かれていたのだと思います。
しかし、同番組は生放送かつ報道番組として人気がありますので、まだ緊張してい
ましたが、ここでまた恵さんから救いの手が伸べられました。
「台本と異なる質問」があったのです。これがあったから、台本を気にしても仕方が
ないなと思い、今までの迷いも吹っ切れ、ようやく落ち着いてきました。当たり前か
もしれませんが、そもそも生放送ですから、台本どおりなんてないでしょうからね。
「よし、流れに身を任せて自分らしくやろう！」
コメンテーターとして出演されていたデーモン閣下さんからもキレキレの質問があ
り、「あぁ今、10万歳以上も年齢のはなれた人と会話しているんだ」という、テーマ
パークのような非日常感（笑）もあり、ド緊張から楽しい空間になりました。
先ほどの出川さんもそうですが、恵さんにも私が安心して話せる場をつくっていた
だきました。まわりがよく見えていらっしゃって、場づくりもされる。安心できると
いう意味でテーマパークの従業員と似た要素を感じました。おかげで話したいことを

話せたのですが、このようにテレビの話をしたのは何も自慢したいわけではありません。レゴランドのときのように業界を元気にしたいということもありますし、さらに専門家としてテレビで伝えたいこともあったのです。

◉なぜテーマパークのアトラクションはよく止まるのか

専門家としてテレビで伝えたかったこと。レゴランドも高い高いと言われますが、素晴らしい施設ですよ！　ということももちろんですが、ジェットコースターが止まったというニュースでどうしても言いたかったことがあります。テーマパークのアトラクションは、本当によく停止します。ちょっとしたことでよく止まります。

なぜそんなに停止するのでしょうか？

自動的に止まることもありますが、一番多いのは、従業員が止めることです。とにかく危険だと判断すれば、すぐに止めるようにトレーニングされています。

鉄道の駅ではよく「危険ですので黄色い点字ブロックの内側までお下がりください」とアナウンスがあります。でも、黄色い点字ブロックの外側に足を踏み出していても、電車を止めません。外側を歩いていたらクラクションを鳴らされるくらいです。

でも、ジェットコースターは止めます。危険だからです。

もちろん、鉄道は交通機関ですから、定時運転という大事な提供価値もあるので、安全とのバランスを考えたうえで止めない対応になるのだと私は思います。

ジェットコースターでも、もちろん「1日に何回走らせられるか？」という数字を目標に置きます。たくさん走ればそれだけお客さんに楽しんでいただけるからです。

しかし、それよりも安全ということが何よりも一番大事ですので、些細《ささい》なことでも止めます。

だったら、駅でいえば、黄色い点字ブロックから足が出ないような設備にすればいいじゃないかと思われるかもしれません。駅でもホームドアが増えています。

もちろん、対策として、そういった設備の導入は、もう10年以上も前から実施されています。しかし部品が多くなると、アトラクション全体で不具合発生の確率が上がります。新たに増やした部品が不具合を起こしても、部品だけではなくてアトラクション全体が止まるのです。

そうです。設備や機械が原因で止まることもたくさんあります。それも一見すると些細なことです。みなさんはパソコンやスマートフォンを使っていて一瞬だけ画面が暗くなったり、一瞬だけフリーズ（動作しなくなる）したってことありませんか？

そして、それって、原因不明で頻発《ひんぱつ》しませんよね。頻発するようなら、それこそ故障です。

アトラクションを動かしているのも、そういった機器に使用されるような電子部品です。その部品が何千、何万、もっと多いと思いますが、組み合わさってアトラクションができています。

その部品の1つが原因不明で、一瞬だけフリーズすることもあります。そうするとアトラクションは止まります。

たった一瞬でも止まります。その一瞬が原因で事故になる可能性もあるので止まるわけです。

もちろん、最近の機器は1つの故障でも、ほかの予備部品が機能して、むやみに停止することは避《さ》けられていますし、一瞬のフリーズならすぐに復旧できることがほとんどです。お客さんからは止まったとわからないこともあります。

私が独自に計算した結果、テーマパークのアトラクションに乗車して、骨折などの重傷事故に遭《あ》う確率は0．00005%でした。アメリカ合衆国の国家安全運輸委員会の調査によると、飛行機に乗ったときに墜落する確率は0．0009%だそうです。あくまで独自で計算しただけですが、飛行機よりも事故に遭う確率は低いです。

だからといって安全をアピールするわけではありません。

ちょっとしたことで止まりますということです。

ジェットコースターが動いているときにスマートフォンを取り出したら止めます。乗っている人にはちょっとしたことかもしれません。でももしそのスマートフォンが落ちて、ジェットコースターの下を歩いている人にぶつかったら大惨事です。どんな遊園地でもそういった行為を制止するために、アトラクションを利用する際の注意事項があります。あまりご覧になったことのないかたが多いかもしれません。ぜひよくご覧いただき、それを守ったうえで乗っていただきたいと思います。

守られてないときに止めることも従業員としては勇気がいります。安全のために止めることは正しいことです。しかしそれが原因で乗れなくなる人も出てきますし、クレームもあります。とくに遠方からいらっしゃるかたは飛行機の時間もありますし、今乗れなくてもあとで乗ればいいということができないですからね。

さらに、先ほどお話ししたようにニュースになることもあります。それがわかっていても止めるのです。どのタイミングで止めたら何時間くらい復旧に時間がかかるかわかっていて止めるのです。クレームを言われることも覚悟で止めています。なぜならば止めるべきときに止めないと事故になる可能性があるからです。それはふだんからトレーニングを積み重ねているとはいえ、精神的に疲れます。

アトラクションはちょっとしたことで止まります。そしてお客さんに注意事項を守っていただくだけで、止まる件数は減ります。その分、楽しい思い出をつくれるお客さんが増えます。場面を限定したことかもしれませんが、従業員だけでテーマパークや遊園地を楽しい空間にはできません。お客さんのご協力あってのことということもぜひ覚えておいていただければ幸いです。

◉テーマパークこそ最強のビジネス

私は、ディズニーランドで2年間働いたあと、転職して株式会社ユー・エス・ジェイで8年間働きました。表側と裏側でそれぞれ学んだことが多かったので、あえて表側としてディズニーランド、裏側として株式会社ユー・エス・ジェイとふだんから表記しています。そういう意味でディズニーランドとユニバーサル・スタジオ・ジャパンであったり、株式会社オリエンタルランドと株式会社ユー・エス・ジェイのように、対になるような記載は非常に少ないです。

そして、この二大テーマパークで学んだことは、私の宝物であり、今でも感謝しております。

その後、テーマパークコンサルタントして独立、現在はテーマパークや遊園地以外の企業のコンサルテーションも行なっていますが、テーマパーク・遊園地業界しか経験がありません。

しかしテーマパークで学んだことは、ほとんどのビジネスにも活《い》かせます。

なぜかと言いますと、テーマパークは多様な業種の集合体でもあるからです。

私のように機械のメンテナンス員やエンジニアもいます。建築、植栽、デザイナー、電気・ガス・水道などのインフラ管理、物販、飲食……飲食でもホール、調理もあればメニュー開発の人もいます。これら全部を合わせると600種類もあると言われています。

そういった多種多様な環境下で経営されていますので、テーマパークは「最強のビジネス」であり「ビジネスの宝庫」です。ご自身のビジネス、職場だったらどのように活かせるのかなという観点で、このあとも引き続きご覧いただければと思います。

Part 2

第2部：テーマパークで遊びながら学ぶ

◉テーマパークと遊園地の違い

ここからが、いよいよお楽しみの「テーマパークで遊びながら学ぶ」～テーマパークで社員研修～です。実際に私とテーマパークや遊園地を回ったらこんな感じで遊びながらビジネスを学べますよというものです。ちなみに、本書で登場するテーマパークは架空《かくう》のテーマパークですので、あらかじめご了承ください。

それでは「テーマパークで社員研修」を始めましょう！

ここは都会の中に存在する、とあるテーマパーク。時間は午前10時。これからA社という中小企業の社員研修を行ないます。参加者は10名、社長からは、ふだんがんばっている社員へのご褒美《ほうび》としての意味も込めてテーマパークに行きたいとのことでした。

でもせっかくだから、ただ遊ぶのではなくて、ふだんの仕事にも活かせるものを持って帰られたらとのご要望です。テーマパークの最寄《もよ》り駅にて合流したところからスタートしました。

テーマパークで社員研修風景
大阪府内の歯科医院のみなさんに楽しんで勉強していただきました

「みなさん、おはようございます。今日は、みなさんと一緒に目の前のテーマパークを順番に回りながらマーケティングとか人材育成などのビジネススキルを磨《みが》いていきたいと思います。ところで、みなさんは、テーマパークと遊園地の違いをご存じですか？」

「あまり深く考えたことはないですが、テーマパークは言葉のとおりですが、テーマというか何かコンセプト（概念）がありそうです。遊園地はそういったものがなくて、アトラクションがあるイメージです」

「そうですね。正解です！　では、これからテーマパークの中に入る前に、少しだけテーマパークと遊園地についてお話ししますね。また、多くのテーマパークでは『お客さん』のことを『ゲスト』と呼び、『従業員』のことをディズニーランドでは『キャスト』、ユニバーサル・スタジオ・ジャパンでは『クルー』と呼んでいますが、聞きなれているワードのほうが頭に入ってきやすいので、ここからは『お客さん』、『従業員』で統一させていただきますね」

日本に「テーマパーク」という概念をもたらしたのは、東京ディズニーランドです。それまでの娯楽施設は「遊園地」と呼ばれていましたが、東京ディズニーランドが１９８３年に設立されてから一定のコンセプトでつくられた娯楽施設はテーマパークと呼ばれるようになりました。

では従来の遊園地とテーマパークとは、何がどう違うのか？

「一言で言うと、テーマ、コンセプトがあるかどうかです。

ですから、アトラクションと呼ばれる乗り物がなくてもテーマパークなのです。実際にフードテーマパークと呼ばれる食に関するテーマパークは国内にも多く見られます。遊園地のような施設もテーマがあれば、それはもうテーマパークというわけです。若干、言ったもの勝ちという感じもありますが……。

私はディズニーランドやユニバーサル・スタジオ・ジャパンで仕事をしていましたので、アトラクションに関連したお話が多いです。ただ、このテーマ、コンセプトというのはところどころで大切な要素として登場しますので、覚えておいてください。

さぁ、まだテーマパークの中に入っていませんから、このお話はこれくらいにして、まずテーマパークの入り口まで歩いていきましょう」

「ということはまだ入らないんですね（笑）」

「そうです、入る前にまだお話しすることがありますよ（笑）」

第1章 Chapter One マーケティングの教材があるエントランス

(1) だからテーマパークはワクワクするのか

今回訪れるテーマパークは最寄り駅から少し坂を登ったところにあります。

「みなさん、坂はきつくありませんでしたか？　テーマパークのエントランス、入り口にようやく到着しましたよ。ところで、みなさん、ここから中は見えますか？　見えませんよね。どうして中が見えないようにしていると思いますか？」

「先生、それは、テーマパークに限らず、サッカースタジアムでも野球場でもそうですが、外から中は見えないようにしていますね」

「そうですね。もちろんサッカーなどの試合が見られるスタジアムで、外から中が見えたら価値が下がってしまいますが、世界を完全に非日常として区切ることによって、中がどうなっているのか期待感を醸成《じょうせい》しています。スタジアムであれば、ゲートをくぐると、グラウンドが一気に視界に広がり、世界が変わった感じがしてテンションが上がりますね」

「見えないようにしているのは、中がどうなっているのか、ワクワクさせるためだったんですね」

「そのとおりです。そして世界が変わるので、テーマパークで大切にしているテーマをパークの中で表現しやすくなります。壁を立てることで中が見えないようにもできますが、坂の上にあると下から見上げたときに中が見えないので、立地としてそういう利点もあるわけです」

　私がコンサルテーションして収集したデータでは、中が丸見えの遊園地は、「非日常」を味わえないので、お客さんの満足度は見えないところと比べると低いです。小さな遊園地でも、中が見えないように演出してあるところは、お客さんの満足度は高いです。

このようにテーマパークでは、エントランスで「期待感」を醸成し、「世界観」を変える演出がなされています。

飲食店・小売店であれば、中が見えるほうがお客さんは入りやすいです。まったく中が見えないと入りづらいですよね？　静かな空間やプライベート感をつくり出したい場合は中が見えないようにすればいいのですが、薄利多売というビジネスモデルのお店であれば、お客さんが入りやすいということを意識したいですね。もちろん中が見えにくくても、外観であったり、小窓があるだけでも雰囲気が伝わりますので、いろいろ試してみるのもいいですね。

「それではチケットを買って中に入りましょうか」

「先生、最近はインターネットでチケットも買えますが、なぜここで買うんですか？」

「もちろんインターネットで買ってもいいのですが、むかしはお客さんと従業員の最初の接点がチケット購入でした。最近はインターネットに切り替わったり、券売機対応の遊園地も多いです。でも遊園地やテーマパークは従業員あっての施設ですので、どういう人が働いているかを見ていただくためにも、直接購入していただいています」

「そういうことなんですね。じゃあさっそく買ってきます！」

（2）長く並んでも「終わりよければすべてよし」

「さてテーマパークの中に入りました。今日はみなさんが絶叫系のアトラクションがお好きということですので、これから、ジェットコースターに行きます。現在60分待ちですね。みなさん待つのは嫌《いや》ですか？」

「待ちたくはないですよね。待ち時間が長いと退屈しませんか？」

「そうですよね。でも、実はあえて待ち時間が発生するような設計のテーマパークもあります」

「そうなんですか？　長い時間待たされると満足度が落ちませんか？」

「ジェットコースターまで長い道のり（待ち時間）にして、ジェットコースターの世界に少しずつ浸《ひた》れるように演出されているのです。また待ち時間がないと、次から次へとアトラクションに乗って乗り物酔いしたりする人もいますので、体調面への配慮でもあります。ところで、みなさんはＶＲ（バーチャルリアリティー）を体験したことありますか？　仮想現実のことです」

「ありますよ。ＶＲは、ゴーグルをつけると目の前の世界が一気に変わります」

「そうですね。テーマパークでもＶＲのゴーグルをつけながらジェットコースターに乗ることでジャングルの中を走行したり、海の中を走行したりと現実ではできないような体験ができます。でもテーマパークや遊園地によっては、あまりにも急激に世界が変わるので、心の準備ができずにお客さんが十分楽しめないということがあります」

「それに対して、テーマパークでは、どのように対応しているのですか？」

「テーマパークが『待ち時間』をあえてつくるのも対応の１つで、そのことによってお客さんは待ち列の装飾などを見て、徐々にその世界に入って行けるので十分に楽しむことができます。ＶＲは最近人気がありますが、きちんとお客さんのことを考えて、心の準備ができるように導いてあげられていない施設はあまり人気がありません。なんでもかんでも最新の手法を導入したらいいというわけではないですね」

これは営業でも同じようなことがいえます。営業でいきなり訪問して「この商品は優《すぐ》れものですので買ってください」と言っても誰も買ってはくれません。

その商品のよさをストーリーで組み立てて説明してもらって初めて「これは自分にとって価値がありそうだ」と思ってもらえたり、営業マンの人となりがわかって初めて、「この人からなら、この人のお勧めなら買ってもいいかな」と思ってもらえるわけです。

このような理由や考え方があって待ち時間があるわけです。そして、二大テーマパークでは「待ち時間が長くて大変だ」と思われるかもしれませんが、待ち時間に飽《あ》きさせないような工夫が至るところでなされています。

アトラクション待ち列の壁を見ながら歩いているとそのアトラクションの「ストーリー」がきちんと表現されていたり、キャラクターが歩いていたり、飽きさせないようにしています。アメリカ合衆国フロリダ州のシーワールドでは、ジェットコースターの待ち列に魚が泳いでいる水槽があり、まるで水族館の中にいるようです。水族館で魚を見ていると、あっという間に時間が過ぎていたということはありませんか？　歩きながら水族館の魚たちが見えるような工夫がされていて、いつの間にかジェットコースターの乗り場に着いているという設計になっています。

私がテーマパークや遊園地でコンサルテーションするときは、「入場者数が何人だと待ち時間がどのくらいになるか？」なども計算しています。

街中でまだ昼前の10時だというのに「ラーメン店」などで長い行列ができていたりします。おいしいラーメンが食べられるので、みなさん楽しみに待つのですが、この人たちの中には待っている時間を苦痛に感じる人も少なからずいらっしゃいます。そういう人たちがお店を出るときに長時間待ったことに対して不満を抱くかというと、そうではありません。長く待ってもラーメンがおいしければ「ああ、おいしかった！」と満足するわけです。

テーマパークでも、「終わりよければすべてよし」と言われるように、長い時間待ったとしてもアトラクションを体験して楽しければ、その楽しかった感情だけが残るわけですね。私は出張でいろんなホテルに泊まるのですが、朝食だったり、チェックアウトのときのフロント対応など、ホテルを出発する直前の体験がよければ、仮に部屋に不満があってもいいホテルだったと思えます。

(3) なぜテーマパークでは朝から風船を売っているのか？

「あそこで朝から風船を売っていますが、不思議ですか？ それとも不思議ではないですか？ 風船を売っていること自体は遊園地やテーマパークでふつうの光景かもしれません。でも、朝から売っているのは少し不思議ではありませんか？」

「そうですか？ 買う人もいると思いますけど……。でも朝から買ったら1日遊ぶのに邪魔《じゃま》ですよね」

「そうです。朝から風船を買ったら、最近でこそ風船のひもにおもりが付いていて手を放しても飛ばないですが、一昔前なら手は放せませんでしたね。それに風船を持ったままジェットコースターなどのアトラクションに乗るのは危険ですので、誰かに預けたりしなくてはなりません。だから朝から買う人があまりいないんですね。では、買う人がいないのに、なぜテーマパークでは朝から風船を売っているのでしょうか？」

「入り口付近で風船をたくさん持っている従業員がいると、華やかで楽しい雰囲気をつくれていますね」

「それも正解です。でも、もっと大事な理由があります。お子さんがいるかたに質問ですが、あなたのお子さんが風船をほしがったらどうしますか？」

「どちらかというとあまり買いたくないですね（笑）」

「そうですよね。私も子どもがいますが、風船を見るとほしがることが多いです。喜んでくれるのでいいのですが、持って帰るのが大変ですよね。とくに電車だったら大変ですね。先日もたくさんの荷物を持ちながら風船も持っていると、改札で風船を人と認識したみたいで、自動改札を通れなかったこともあります。

では、子どもに風船がほしいと言われたときをイメージしてください」

子どもが風船を見ると親にこう言います。

「お父さん、風船ほしい！」

「お母さん、風船買って！」

そうすると親は朝から買うと邪魔になるのがわかっているので、次のどちらかを言います。

「ダメ」

もしくは、

「あとで」

「ダメ」と言われたら仕方ないのですが、「あとで」と言うと子どもは覚えているんですね。本当によく覚えています。

帰るときに風船を見て、

「お父さん、あとでって言った」

と言うわけです。

そうすると親としては「あとで」って朝言った手前、子どもにウソをつくわけにはいかないので、帰るときに買うんですね。親の気持ちとしては買ってしまうという表現でもいいかもしれませんね。

これが主目的です。お客さんが帰るときに確実に売れる環境をつくるために朝から風船を売っているわけです。朝から売っているというよりは見せているという感じですね。帰るときに買ってくれると、風船は目立ちますので街中で多くの人が目にします。そうすると宣伝効果にもなります。

株式会社ユー・エス・ジェイに勤めていたときに『マーケティングとは売れる必然をつくること』と教わりました。朝から風船を見せることで、帰る時間に売れる必然をつくっているというわけです。もちろん遊園地やテーマパークにもよりますが、朝に風船を持っている従業員よりも、夕方とかお客さんが帰る時間帯に風船を持っている従業員のほうが人数の多いところもあります。

テーマパークや遊園地以外でしたら、カフェや喫茶店などで入り口付近にケーキのショーウインドウがよくありますよね。あれも同じ理屈です。

ケーキを見ることで「食べたい」と思い、ついつい注文してしまう。これがメニューの写真だけでは、そこまで欲求が駆り立てられません。やはり実物には勝てませんね。でもショーウインドウで見ただけでメニューに載っていなかったら注文しませんんし、例えばショートケーキと文字だけでメニューに載っていても欲求が駆り立てられません。一度実物を見て、メニューで写真を見ることで食べたいということを思い出すので、注文してくれるのです。

このように、「どうやったら売れるのか？」。情報発信を頻繁に実施して、露出を高めるというのも1つの手段かもしれません。

（4）グループアイドルビジネスとテーマパークの共通点

「もう少しでジェットコースターに着きますよ。ここまで少し歩いてきましたが、風船以外で気になったところはありますか？」

「入り口でキャラクターがお出迎えしてくれましたが、たくさんいました」

「そうですね、ここのテーマパークはキャラクターがたくさんいますね。みなさんはキャラクターが有名だったり、いろんなキャラクターがいるテーマパークといえばどこをイメージしますか？」

「やっぱりディズニーランドですね」

「ディズニーランドにはミッキー・マウスをはじめ、たくさんのキャラクターがいます。ユニバーサル・スタジオ・ジャパンもハローキティとかスヌーピーとかいろいろなキャラクターがいますが、最近ではミニオンが人気ですね。このように二大テーマパークにキャラクターの種類が多いのはなぜでしょうか？」

「キャラクターが多ければ多いほど、それだけファンが多くなって、テーマパークが儲《もう》かるからではないですか？」

「そうですね。それぞれのファンがそれを求めて来ますから、それだけ来場のキッカケが多くなります。

　例えば期間限定で新世紀エヴァンゲリオンのアトラクションがユニバーサル・スタジオ・ジャパンの中で展開されると、新世紀エヴァンゲリオンのファンがそれを求めてユニバーサル・スタジオ・ジャパンに遊びに来ます。ユニバーサル・スタジオ・ジャパンの入場チケットでもあるスタジオパスは、２０１９年３月現在では変動制ですが、変動制になる前は７，９００円でした。朝から遊びに行って新世紀エヴァンゲリオンを体験して、まだお昼だとすると、みなさんはどうしますか？　これで帰りますか？」

「さすがに７，９００円払ってまだ時間があるなら、ほかのアトラクションにも乗ったり、ショーを見たりしますね。もったいないですよ」

このようにキッカケは新世紀エヴァンゲリオンで来たけれど、1日ほかのコンテンツで遊んで帰るときには「ユニバーサル・スタジオ・ジャパンは楽しかった！」になります。つまり、新世紀エヴァンゲリオンのファンでかつ、ユニバーサル・スタジオ・ジャパンのファンにもなるというわけです。もちろん新世紀エヴァンゲリオン以外のコンテンツであったり、接客がよかったり、食べ物がおいしかったりということが大前提ですけどね。

こうして次は新世紀エヴァンゲリオンに関係なくユニバーサル・スタジオ・ジャパンに遊びに来てくれるわけですね。実際、私が過去に勤めていたからとか忖度《そんたく》なく楽しい施設ですから。

テーマパーク以外では、『乃木坂46』のようなアイドルグループにはいろいろな女の子がいますが、その中の1人を好きになったら、そのグループのCDやライブチケットを購入することになりますよね。秋元康さんの仕掛けもテーマパークの仕掛けと共通していますね。

第2章 Chapter Two
人材育成の秘訣はジェットコースターの待ち列に？

（1）部下に理解させるには◯回以上伝える

「みなさん、ここまでいろいろお話してきましたが、どこへ向かっていたか覚えていますか？　いよいよジェットコースターの乗り場に到着しました！　まだまだ序盤ですからね（笑）。ところでみなさん、ジェットコースターは和製英語であること知っていましたか？　ローラーコースターが正しいので、専門家としていちおうお知らせしておきます。ただ、ジェットコースターのほうがよく使われますので、これからもジェットコースターと呼ぶことにしますね。

私はテーマパークの安全管理について深く仕事をしていましたので、その分野にはこだわりが強いのですが、ジェットコースターはスリルを演出するために激しい動きをします。そのため、テーマパークや遊園地では乗る前に、『こういう姿勢で乗らないでください』『骨折しているかたは乗らないでください』『妊娠しているかたはご遠慮ください』『安全バーをしっかり握ってください』などといった注意事項や禁止事項が必ず掲げられています。

ジェットコースター例
「ビバーチェ」
（香川県　NEWレオマワールド）

みなさんは、こうした注意事項や禁止事項を必ず読んでから乗っていますか？

「いやぁ、きちんと読んだことはないですねぇ。いろいろ書いてありますし、それにそこまで読まなくても大丈夫じゃないですか？」

「たしかにテーマパークへお客さんは楽しみに来ているので、こういう人は乗らないでくださいとか書いてある注意事項や禁止事項を積極的に見ようとは思わないですよね。そしてテーマパークや遊園地によく見られる注意事項でお客さんがあまり守ってくれないものがあります。それがジェットコースターに乗るときの荷物をロッカーや荷物置きに預けるというものです。

ポケットなどに荷物を入れたまま乗ったりすると、ジェットコースターの振動でポケットから財布やスマートフォンが飛び出して、うしろに座っているお客さんに当たったり、ときにはコースターから飛んでいくこともあります。コースターから飛んでいって、近くを歩いている人にぶつかったらどうでしょう。スマートフォンが飛んできてぶつかったらケガをしたり、当たりどころによっては大惨事です。もちろんそういったことが起こらないように、ネットを張って、コースターから落ちたものがネットにひっかかるようになっていますが、これも絶対安全とは言い切れませんね」

「たしかに危ないですけど、自分は大丈夫だろうと思ってしまいます」

「正直に言っていただき、ありがとうございます。そういうかたは多いのですが、では、お客さんに注意事項を守っていただくには、どうしたらいいでしょうか？

みなさんは、後輩や部下の指導をするときに『このことは前にも言ったよな。もう3回目だぞ』などと言ったりしたことはありませんか？」

「あぁ、ありますね。1回で覚えてくれと思います。でも自分でも忘れたりすることはあるので、少し自分のことは棚に上げていますが」

「では何回くらい伝えたら伝わるのでしょうか。興味があることだったり、相手が聞こう・覚えようと意欲的だったら1回で伝わるかもしれません。でも仕事の中では、自分にとって興味がないこと、聞くのが面倒なこともありますよね。そういったことを伝えるには最低でも何回伝えなければならないでしょうか」

「あまり深く考えたことはないですが、社会人なんだから1回の失敗は許せますけど2回はちょっと……。せめて2回で伝わってほしいですね」

「私の経験上ですが、最低でも8回は伝えなければなりません。テーマパークや遊園地のコンサルテーション以外でもこの理論を使って、後輩や部下の育成がうまくいったという例はたくさんあります」

「それは先生、仕事上だけではなく、子どもの勉強やスポーツを教えるのにも非常に有効かもしれませんね。でもなんで8回なのですか？」
「そうですね、では説明しましょう。私が海外の遊園地のコンサルテーションをしたときのお話です」

くどいようですが、お客さんは「見なくても自分だけは大丈夫」ということで、注意事項や禁止事項はほとんど見てくれません。見たとしても気にしてくれません。しかしテーマパークや遊園地を運営している事業者側からすれば、伝えるべきことを乗る前にきちんと伝えないと、もし事故などが起きたりした場合、事業者側の責任問題にもなりますし、関わっている従業員も嫌な思いをすることになります。

荷物を持って乗れるジェットコースターもたくさんありますが、預けていただくのが私は基本だと思っています。ただ、ロッカーに預けるようにお願いするのですが、スマートフォンで撮影しながら乗りたいというお客さんもいるので、なかなか徹底できませんでした。スマートフォンで撮影しながら乗るとかは本当に危険ですので、やめてくださいね。

伝え方を変えたり、ジェスチャーを入れたり、いろいろ試してみましたが結果は出ませんでした。そこで最終手段として「何回伝えたらお客さんが応じてくれるか？」ということで、直接の声掛けや待ち列の映像など、しつこく伝えるということにチャレンジしました。

1回よりも2回、2回よりも3回と伝える回数を増やすとジェットコースターから物が落ちる件数は減っていきました。やはり伝える回数を増やせば、効果はあったのです。しかし、回数を増やしていっても物が落ちる件数は減るのですが、微減でした。伝える回数を増やすということは、従業員数が増えることにもなります。それは人件費の増加を意味します。映像で伝えるとしても映像の制作費としてコストが発生します。そのコストに見合うまでの効果が得られなかったのです。

そこで、とりあえずとことんやってみて、ダメだったら元に戻そうと、伝える回数を増やしていきました。そうすると8回伝えたところで、一気に落し物の件数が減ったんですね。それだけ荷物をロッカーに預けていただいたということです。これにはコンサルタントの私も驚きました。これはもっと増やせば効果がさらに出るのではということで、9回、10回とさらに増やしてみたのですが、8回とあまり効果は変わりませんでした。

もちろんこれは海外での結果ですし、文化の違いなどもあるのではと思い、日本のクライアントでも試していただいたところ、やっぱり8回で効果が出ました。という経緯から従業員や部下が興味ないことでも伝えるには最低8回伝える、伝える側も根気よく伝えることが大切とお話しししています。

ところで、お客さんの体型の問題で安全バーが下げられず、そのままジェットコースターに乗せてしまい、そのかたが落ちて死亡するという事故がありました。安全バーが規定の位置まで下げられないなら乗車をご遠慮いただくというのが基本です。

よくこの手の問題として起こるのが、例えば60分待ってようやく乗れると思ったのに、安全バーが規定の位置まで下がらずに乗れなかったという案件です。さすがに60分待って乗れないというのはありえないですからね。事前にテスト機で確認できるテーマパークや遊園地もありますが、お客さんも積極的に確認しようとはしませんので、従業員も目を光らせています。8回伝えるというのは基本ではありますが、こちらから気づけば声をかけていく、フォローしていくということも必要ですね。

「はい、それでは嫌というほど注意事項を見ていただきましたので、ジェットコースターに乗りましょう！　みなさん、ポケットの中も含めて荷物はすべてロッカーに預けましたね？」

(2) アイデアはまず真似《まね》することから

「みなさん、ジェットコースターはいかがでしたか？　楽しかったですか？」

「最高です！」

「それでは、みなさん、せっかくですから、別のジェットコースターにも乗ってみましょう」

「大賛成！」

「2つのジェットコースターでコンセプトなどの違いはありますが、何か気づいたことがあれば乗ったあとに教えてください。ノーヒントで乗ってみましょう」

2つ目のジェットコースターの乗車を終えました。

「みなさん、2つのジェットコースターに乗ってみて何か気づいたことはありますか?」

「いやぁ、まったくわかりません（笑）。ただただ楽しくて、あっという間に終わってしまいました」

「実は、座席についている手すりが2つのジェットコースターとも同じでした」

「え？　そうなんですか？」

「ほかにも座席のクッションとか、座席からは見えませんが車輪とかブレーキとか同じ部品を使っていることが多いんですよ。この2つのジェットコースターはそれぞれのコンセプトやストーリーが異なるので、見た目は異なります。しかし共通の部品を使える設計にしておくことで、部品を仕入れるコストを一括仕入れによって下げたり、取り付け取り外しなどの作業時間を短縮できたりします。在庫の最適化も図れますね。1つの製品がほかでも使えないか、使い回しできないかというリユースやリサイクルという観点も大事です」

「それはよくわかります。私の会社でも似たような製品などは使い回しなどしていますから。ところで街を歩いているとコンビニエンスストアなど近距離に同じ店がありますが、これも理屈は同じですよね？」

「よく気がつきましたね。同じです。それは『ドミナント戦略』と言います。地域で集中的に出店することで認知度やシェア（市場占有率）を高めることが狙《ねら》いですが、これも近い距離の中に店を置くことで運送コストを下げているわけです。みなさんの会社でも、いろいろな面で有効利用できないか考えてみてください。

さらにこの2つのジェットコースターに共通部品が多いというのは、アイデアという観点でも活かすことができます。みなさんは新しいアイデアを創り出すことは得意ですか？」

「偶然思いついたりすることはありますが、得意とは言い切れないですね」

「たしかに新しいアイデアを創り出すって難しいですよね。まったく世に出ていないものを生み出すのは大変難しいので、地方の遊園地には違う地方のテーマパークや遊園地で人気があるものをどんどん真似するように勧めています。

例えば、少し前にカラフルで大きなコットンキャンディー（わたあめ）がインスタ映えも手伝って人気になりました。もしそのコットンキャンディーが遊園地の存在する地域で手に入らなければ、その遊園地で提供できるようにすればいいのです」

「たしかに近くで買えるものであれば、わざわざ遠くまで出かける必要はないですもんね」

「その地域で唯一であればいい。その唯一に魅《ひ》かれてくれてパーク自体を好きになってくれればいい。キャラクターのところでお話ししたことと同じです。突拍子もないアイデアなんてそうそう湧《わ》き出てくるものではありませんから。

例えば、トヨタのＪＩＴ方式（Just In Time）という必要なものを必要な分だけ必要なときにという効率的な生産方式は、自動車以外の業界でも多く参考にされています。別の業界では当たり前のことでも、自分たちの業界では取り入れてみたら革新的であったということはよくあります」

「ほかの地域でやっているもので、自分の地域にないものだったら、どんどん真似をしたほうがいいんですね。それにいろんな業界の知り合いがいると、より参考になる話が聞けるかもしれませんし、自分たちにとっては当たり前のことが相手にとっては素晴らしい情報になるかもしれないわけですね」

「私の場合でしたら、テーマパークコンサルタントは、欧米にはいますがアジアでは希少な存在ですので、その希少さに私の存在意義があるわけです。ですから、その地域で唯一、業界で唯一であるものをいかに見つけられるかが勝負の分かれ目になることもあります。あ、注意点ですが特許とか知的財産をそのまま真似することはダメですからね」

(3)「吊り橋理論」で誰かが買うなら私も！

「みなさん、あちらのお客さんを見てください。同じ被《かぶ》り物をしていますね。どうしてだと思いますか？」

「仲間が被っていると、同じものをほしくなる心理が働くんですかね？」

「もちろん友達同士でお揃いのものを買うという集団としての心理が働くというのもありますが、ジェットコースターに乗ったあとですので、『吊り橋理論』というお話をしましょう。吊り橋理論というのはカナダの心理学者であるダットンとアロンによって1974年に発表された理論です。スリル満点の映画などで、見ず知らずの男女が、ある事件に巻き込まれ絶体絶命の危機に陥《おちい》ってしまいますが、それを乗り越えたあと、めでたくゴールイン！　といったシーンをご覧になったことがあるかたは多いと思います」

「そのようなサスペンス映画大好きです！」

「これと同じようなもので、吊り橋理論というのは吊り橋のような不安であったり、恐怖を感じる場所で出会ったり、そういう場所・場面を一緒に乗り越えると恋愛感情が芽生《めば》えるというものです。ジェットコースターもスリルあるアトラクションですから、同じような効果があるわけです。気になる人と一緒にジェットコースターに乗ったらお付き合いできるようになるかもしれませんね。あ、玉砕《ぎょくさい》しても責任はとれませんよ（笑）。というわけでジェットコースターに乗った人たちは『スリル』という共通体験を味わってグループ内の信頼感が高まり、それが結束力という結果になります。

そのためグループで来た人たちの1人が何か『被り物』を提案すると、信頼感や結束力が後押しして、『じゃあ私も』とほかの人たちも買ってくれるということになります」

「プライベートで使ってみたいですね（笑）。ビジネスでも使われることがあるのでしょうか？」

「恐怖を与える営業とかありますが、個人的にはそういう営業はあまり好きではありません。海外の取り組みで面白いなと思ったのは、ホラー映画をテレビで放送するときのCMです。恐怖のシーン明けのCMはシーン切り替わりということもあり、安心感を持てるそうです。そうするとそのCMの商品・サービスに対して親近感が湧《わ》くみたいですね。その枠《わく》は高額らしいですよ。日本でもホラー映画をテレビで放送しますよね。そのときにメルマガのように事業者側から情報提供のお知らせを送るというのはどうでしょうか？　通知音で驚かれるかもしれませんが（笑）、その情報に対して親近感を持ってもらえるかもしれませんね」

（4）身長制限によって成長を感じる

「ジェットコースターに乗る前に注意事項をよく見ていただきましたが、ジェットコースターの注意事項で必ずといっていいほど設定されているものが、身長制限や年齢制限です。もちろんジェットコースターに限らず、アトラクションには安全に乗るために身長制限が設けられることが多いです。

身長制限はメーカーによって設定されることが多いのですが、乗っているときに足で踏ん張ることが前提のアトラクションでは、それを基準に制限する身長を決めていたり、そのアトラクションの特性によって決められています。この身長制限、たとえ1㎜でも身長制限の高さに達していなければ乗ることはできません。それをＯＫとしていたら、どこまで許容すればいいのかあいまいになりますし、現場の従業員に安全に関する決断をゆだねて、精神的な負担を強いることになりますからね。でも子どもからすると乗れないというのは残念ですよね」

「私も子どもがいるのでよくわかります。ちょっとくらいいいじゃない、そんなに変わらないでしょとか思っていましたが、安全に乗るためにも大切なことなんですね。でも子どもの残念そうな顔を見るのはちょっと辛《つら》いですね」

「そのお気持ちはよくわかります。そういった残念な気持ちで終わらせないために、テーマパークや遊園地によっては、身長が規定の高さに達しなかった子どもに、身長が伸びてまた来たら少ない待ち時間で乗れるカードを渡すところもありますよ。

乗れなかったときはもちろん残念なのですが、大きくなってまた来たときに、子どもとしては以前は乗れなかったアトラクションに乗れるようになったということで成長を感じます。親としても改めて子どもの成長を感じることができますね」

事業者側としたら、カード1枚を渡すだけで（ちょっとしたアイデアで）リピート率が高まるのですから、こんなに安いコストはないということになります。

制限は何もネガティブな面だけではありません。発想の転換によって、ピンチはチャンスのように意味合いも大きく変わるのです。1つの側面から物事を見るのではなくて、多面的に見られるようにふだんから心がけたいですね。

（5）人気のエリアはできるだけ奥に配置する

「みなさん、入り口からジェットコースターまで結構な距離を歩きましたが、実はジェットコースターはこのテーマパークの一番奥に配置されています。ジェットコースターはテーマパークの中でも人気ナンバーワンであることが多いので、こうしたアトラクションは入り口からできるだけ遠くに配置しています。どうしてでしょうか？」

「お客さんは必ずそこまで行くことになるので、商売上、途中のアトラクションを見せるためではないですか？」

「そうです。こんなところにも面白そうなアトラクションがあるな。よし、ジェットコースターに乗ったあとでこれにも乗ってみよう、などと滞在時間が延び、回遊性も高まるので客単価が上がることになります。

スーパーなどでも入り口にフック（客を引き付けるための商品）などを置いていますが、目玉商品はできるだけ奥において、お客さんがそこに行くまで『ここにこんな商品が、あんな商品が置いてある。ついでに買っておこう』ということで客単価を上げることができます。

テレビでも同じようなことがありますね。例えば2時間番組で俳優や歌手などの特集をやった場合、一番人気のある人を最後のほうまで残しておいて、テレビを見ている人に最後までチャンネルを替えさせないように工夫しています」

「世の中のこともいろいろと考えられているんですね」

ジェットコースター例
「ミュージックゴースター」
（広島県　みろくの里）

「もちろん今は客単価という観点でお話ししましたが、テーマパークの従業員の気持ちとしては、少しでもお金を使ってくださいというより、このアトラクションも楽しいから乗ってくださいねと提案するイメージです。もちろん客単価を上げることも大切ですが、楽しい体験を少しでも増やしてほしいという気持ちで勧めた結果として、売上もついてくると考えていただければと思います」

（6）自分の好きな場所があるとモチベーションにもなる

「ジェットコースターに乗ると必ずといっていいほど最初は上に登っていきますよね。あれをリフトといって、頂上のことをリフトトップといいます。そのリフトトップへは従業員でないと基本的には登ることはできません。そのため、そういった場所が従業員にとって特別感を生み、モチベーションの源泉になることもあります。

私も仕事柄、リフトトップに登ることはよくあります。夜中にジェットコースターの点検のため、階段で高さ数十メートルくらい登っていくのですが、リフトトップから夜景を見るのが好きでした。登ったあとの休憩《きゅうけい》という意味もありましたが（笑）。閉園時間の早い遊園地では夕日を見ることもできます。

もちろん夜にジェットコースターに乗れば夜景を見ることができます。でも一瞬で

すよね。テーマパークや遊園地で働いていて、なおかつメンテナンスに関わる仕事をしているからこそじっくり見られる景色ですので、特別感があってすごく好きでした。みなさんはいかがですか？　自分だけの場所ってありますか？」

「私にとっては、会社の屋上が憩《いこ》いの場です。そこで周りの景色を眺《なが》めていると癒《いや》されて、いつの間にかやる気が湧いてきます」

誰でも、その仕事をしているからこそ知っているという情報があります。場所もその1つで、みなさんも、職場で自分の好きな場所があるとモチベーションアップにもなりますので、ぜひ見つけてみてください。

(7) 提供者の論理と消費者心理

「さて、ジェットコースターから学ぶことの最後です。ジェットコースターに乗るときに安全バーを下げましたよね。2つのジェットコースターに乗りましたが、それぞれの安全バーの違いに気づきましたか？」

「最初に乗ったジェットコースターは隣に座った人と一緒に安全バーで体を固定されましたけど、次のジェットコースターは1人ひとりに安全バーがありましたね」

「よく見ていらっしゃいますね。そのとおりです。なぜ同じジェットコースターなのに安全バーの仕様が異なるかですが、なぜだと思いますか？」

「2つ目のジェットコースターのほうが激しい動きが多かったり、ちょっと体が浮くような感覚もありましたが関係していますか？」

「そうです。まさにそれが理由です。ジェットコースターなどのアトラクションは、最近の法律ではアトラクションの動きの激しさに応じて安全バーの仕様が決められます。ですので、動きが激しいとそれだけ体の拘束性が高い安全バーが要求されるわけです。1人ひとりに安全バーがある場合はいいのですが、隣に座った人同士で同じ安全バーを使うときに問題が発生することがあります。とくに親子だったり、体格差が大きいと起こるのですが、何かわかりますか？」

「私は子どもと乗ったときに安全バーを下げたら、大人の私の太ももに安全バーが当たって、それ以上は下げられませんでした。子どものほうを見ると安全バーと子どもの足や体と隙間《すきま》が空《あ》いていて、大丈夫かと不安になりました」

「そうですね。隣に座った人同士で同じ安全バーを使うとどうしてもそういったことが起こります。でもこれは実は安全上の問題ではないのです。それくらい隙間があってもケガをしないような設計になっています」

「先生からそう聞くと安心しますけど、知らないと不安ですね」

「おっしゃるとおりだと思います。設計上は問題ありません。でもそれはあくまで法律上、基準上は問題ないという『提供者の論理』です。それが消費者に受け入れられるかどうかは別ですよね。『消費者心理』としては『提供者の論理』が正しいかどうかは関係ありません。消費者にとってそれが信じられるかどうかです」

「なかなか難しそうですね。信じてもらうというのは論理的に説明するよりもハードルが高そうです」

「そうですよね、信じてもらうためには信頼関係を構築できていることも1つのポイントです。本来であれば信頼関係というものは長い時間をかけて築いていくものですが、テーマパークでは例えばジェットコースターのレールや支柱にサビがないように塗装したり、従業員の服装、髪形など見た目に気を配っています。塗装がはがれているジェットコースターが安全ですと言われても説得力がないですし、身なりが整っていない従業員に説明されても本当かどうか疑ってしまいますからね」

「たしかにそうかもしれませんね。私はもう1度、ふだんの行動で相手にとって失礼なものがないか考えてみます。上座下座とか間違っていることがあるかもしれませんね」

「これでジェットコースターから学ぶことは以上です。いかがでしたか？」

「ジェットコースターだけでも学んだことがたくさんありましたね」

「ジェットコースターが激しい動きをする乗り物でしたから、今度は動きの緩《ゆる》やかなアトラクションの代表、メリーゴーラウンドに乗りましょうか」

「メリーゴーラウンドに乗るのは子どものころ以来ですね。ただ回るだけじゃないんですか？」

「いやいや、メリーゴーラウンドこそビジネスでもそうですが、生きるうえでも大切なことが学べる非常に奥深いアトラクションです。それにメリーゴーランドではなく、メリーゴーラウンドです。英語ではmerry-go-roundと書きますから、カタカナではメリーゴーラウンドと表現されます。すみません、テーマパークコンサルタントとしてはどうしても気になるもので（笑）」

第3章 Chapter Three メリーゴーラウンドに学ぶ「一流」とは

(1) ディズニーランドで教わった一流と二流の違い

「メリーゴーラウンドに到着しました。みなさん、乗ったらぜひメリーゴーラウンドの馬の背中あたりについている棒をよく見ておいてください。ついつい楽しくて見るのを忘れていたというかたもいらっしゃいますので、覚えておいてくださいね」

メリーゴーラウンドの乗車体験を終えて。

「さて、みなさんいかがでしたか？　棒をご覧になって気づいたことはありましたか？」

「すごくピカピカでしたけど、それ以外はとくに……」

メリーゴーラウンド例
「カルーセル」
（香川県　NEWレオマワールド）

「ありがとうございます。そのピカピカに気づいていただきたかったのです。ここのテーマパークはオープンして15年が経過していますが、開園当初から同じ棒を使っているそうです」

「えっ⁉　15年も同じものなんですか？　それなのにあれだけピカピカなのは驚きですね」

「そうですよね。このメリーゴーラウンドの棒は真鍮《しんちゅう》でできているのですが、毎晩、真鍮磨《みが》きというものでⅠ本ずつていねいに磨いているのです」

「毎晩ですか！　それはすごいですね」

「ですよね。そこまでやっていると私の話を聞く前に想像していましたか？」

「タオルとかふきんで拭《ふ》くくらいならやっているかと思っていましたが、1本ずつ磨いているのはまったく想像できませんでした」

「私もこの業界で仕事をするまではそこまで想像できませんでした。でもこれこそ、私がディズニーランドで先輩から教えていただいた一流のサービスなのです。先輩から一流のサービスとは『簡単には気づかれないサービス』と教えていただきました。反対に二流のサービスは『簡単に気づかれるサービス』と教えていただきました。ただ、二流のサービスが二流だからダメというわけではありません。簡単に気づかれるサービスはお客さんにとっては当たり前ということです。それを上回って初めて一流というわけですね。

そして、もちろんすべてのテーマパークや遊園地が毎日コツコツ磨けているわけではありません。コストもかかりますからね。もちろんそのようなテーマパークや遊園地がダメというわけではなく、ほかのところにこだわりを持っているので、お金のかけ方のバランスが違うということです。

さらにもう1つ、今日は新入社員のかたがいらっしゃいませんが、いらっしゃればこのようなメッセージもお伝えしています。新入社員のみなさんはまだ原石の段階です。でも磨けば輝く可能性をたくさん秘めています。ただ、何もせずに輝くわけではなく、このメリーゴーラウンドの棒のように毎日コツコツ磨き続けて初めて輝き続けられます。少しでもさぼると、くすんで輝きを失います。毎日コツコツ継続するということは本当に大切ですので、忘れずにいてくださいね」

「私はピアニストなどの演奏家が『1日休むと取り戻すのに3日かかる』というのを聞いたことがあります。一流の人ほどそういう感覚になるのですね。よく陰の努力という言葉も聞きますが同じですよね？」

「そうですね、世の中で大きな成果を生み出している人たちは見えないところで毎日コツコツと努力しているのでしょうね。そして、一流のサービスということでお話ししましたが、一流という言葉は何にでも使えます。例えば一流の人材育成。部下に気づかれないところで部下のために何かやっていることはありますか？」

『箸《はし》よく盤水《ばんすい》を廻《まわ》す』という言葉があります。「盤水」とは「たらいの水」ですが、たらいの中に水を入れて、中央部に箸を1本立てます。そして1円玉の大きさぐらいの小さな円を描くようにクルクル回します。

それを続けていると、水がだんだん呼ばれてきて、最後には全体の水が同じ速度で回転しだします。でも、箸の動きは依然《いぜん》として小さなままです。

これを『箸よく盤水を廻す』と言います。小さなことでもコツコツと根気よく続けていれば、やがて大きな成果を生み出すという例えです。

みなさんも、ぜひ試してみてください。小さな努力を積み重ねることの大切さが身に染《し》みてわかります。

(2) イノベーターからクチコミが発生するメカニズム

「一流と二流のお話をしましたが、一流のサービスを提供できると、副次的な効果もあります。ディズニーランドの夜間の清掃は有名ですが、ふつうのお客さんからは見えない部分です。だからこれも簡単には気づかれないサービスということで一流のサービスであると私は思います」

「ホテルに泊まると清掃しているのを見ることができますよね」

「そうです。パークの中が見える部屋に泊まると遠目に清掃風景を見ることができます。そうすることで宿泊したお客さんが、『ここまでやっているのか』と感動してくれるわけですね。みなさんは感動したり、気分が上がるような体験をしたらどうしますか？」

「家に帰ったときに家族に話したり、友だちに話したりしますね」

「ですよね。人間って感動すると誰かに話したくなるんです。それが今はＳＮＳ（ソーシャルネットワークサービス）ですよね。ＳＮＳに写真付きで投稿するわけです。いわゆるクチコミです」

「だから直接見たことなくても、これだけ有名になるんですね。一流のサービスができるとそれに気づいて感動する人もいて、お客さんが広めてくれるんですね。

でも先生、ちょっと思ってしまったんですけど、一流のサービスは簡単には気づかれないサービスなんですよね？　私はどうしても気づいてほしいと思うのですが、あまり気づかれないと寂《さび》しくないですか？」

「そのお気持ちは本当によくわかります。人間には承認欲求というものがあって、気づいてほしい、認めてほしいという感情が出てくるのは自然のことです。ただ、お客さんのためにやっていることであれば、お客さんにとってはプラスだから気づかれるかどうかは関係ありません。それにこういったことは因果応報だと思っています。気づいてほしければ、まずは自分から気づく。感謝されたければ、まずは自分から感謝するというのと同じです。

陰の努力でも誰か見ていてくれますし、方向性や方法が間違っていなければ花咲く瞬間は来ます。さっきのクチコミの話でもそうですが、気づく人はいるんですよ。世の中にはイノベーターと呼ばれる人たちがいます。例えば新しいiPhoneが発売されると、発売の何日も前からApple Storeに並ぶ人がいますよね。ああいうかたたちのことですが、そこまで好きでいてくれるからこそ気づくこともあるのです。だから安心してください。気づいてくれる人は必ずいます。もし気づいてほしいという気持ちでサービスを提供してしまったら、それは二流のサービスになってしまいますからね」

(3) メリーゴーラウンドは時計回りか反時計回りか

「すでにメリーゴーラウンドに乗ったみなさんに質問です。メリーゴーラウンドは『時計回り』(右回り)でしたか? 『反時計回り』(左回り)でしたか?」

「(少し考えたあと)反時計回りですね」

「どうしてそうなっているか、みなさんご存じですか?」

「いやぁ、ちょっとわかりません。理由があるんですか?」

「最初にジェットコースターに乗りましたが、ジェットコースターはスリルを感じていただくアトラクション、反対にメリーゴーラウンドは子ども向けで安心して乗っていただきたいアトラクションです。だから、メリーゴーラウンドは子どもたちが安心して乗れるように反時計回りになっています」

「ますます意味がわからなくなってきました……反時計回りだと安心できるのですか?」

「そうです。少し極端な例ですが、メリーゴーラウンドが高速回転したとしたら、みなさんは回転の中心である回転軸に近いほうと遠いほう、どちらにいるほうが安心できますか？」

「なんとなくですが、近いほうでしょうか」

「そうですよね。そしてみなさん、心臓は体の左寄りにありますよね。人間って大切な心臓が安心できる拠《よ》り所に近いほうが安心するのです。反時計回りだと時計回りと比較すると心臓が回転の中心軸に近くなりますよね？　こういった理由で安心して乗っていただくためにメリーゴーラウンドは反時計回りであることが多いといわれています」

「だとするとジェットコースターは時計回りが多いのでしょうか？」

「そういわれていますけどね。実際は立地であったり、コースに関するコンセプトに従うので、まったく関係ないことが多いです。ただ、メリーゴーラウンドのように同じ場所で回転し続けるアトラクションでも動きが速かったり、上下の動きが激しいものは時計回りが多いように思いますね」

ところで、回転ずしのすし皿はどちら回りでしょうか。時計回り（右回り）です。これは右利きの人が多く、右手で箸《はし》を持ちますので、すし皿を取るのは左手です。諸説あるそうですが、左手でとるには右から来たほうがとりやすいというのが理由だそうです。

回転が速くて時計回りであるアトラクション例
「ウェーブスインガー」
（広島県　みろくの里）

朝日新聞で『街のB級言葉図鑑』を連載されている国語辞典編纂者の飯間浩明さんによると「皇居周回は反時計周りがマナーです」という表示があるそうです。だからランナーのみなさんは、誰もが同じ方向に走っているんですね。

ここで飯間さんは「反時計回りの走りが『ルール』ではなく『マナー』とされている」ことに興味を持たれたそうです。

飯間さんは、マナーとルールの違いをゴミ出しの場面で明快に次のように説明しています。

ごみを1か所に見た目よくまとめて出すのがマナーで、伝統や常識に基づいた作法であり一般性があるもの。

一方、ごみを決まった曜日に出すのがルールで、地域によって曜日が異なり、分別のしかたも違うなど常識に基づいた作法ではない。

だから「皇居周回は反時計周り」というのは常識とまではいえず、むしろルールに近いものだが、「ルール」にはきつい語感もあるので、それを避けるために「マナー」にしたのではないかと書かれています。

このように「看板」ひとつだけとっても、よく観察すると、いろいろなヒントがたくさんあります。

私の営業マンへの研修でも、「なぜ、メリーゴーラウンドは反時計回りなんだろう？」と疑問を感じながら観察してもらっています。

営業の場合でも、安心感を与えるには、相手の左側に座るようにしたほうが心理的効果は大きいですね。認知症のかたに安心感を与えるためには、左側に座ったほうがいいということもテレビで見たことがあります。相談を聞くときにも使えそうですね。

　このように、物事にはすべて理由があります。メリーゴーラウンドは、ただ「見る」のではなく「観る」ことの大切さを教えてくれます。ただ「見る」のではなく観察の「観る」です。

「なぜこうなっているんだろう?」と疑問を持ちながら「観る」と、気づきも多くなり、調べていくことで生きた知識も豊富になります。このことを私に教えていただいたのは、私の先輩でもある有限会社加賀屋感動ストアーマネージメントの加賀屋克美さんですが、ディズニーランドに遊びに行ったときも「観る」ことで毎回気づきが得られます。

　ビジネスの世界でも「トップ営業マン」をボーっと見ているだけでは「凄い!」だけで終わってしまいます。「なんであの人はあんなにたくさん契約がとれるんだろう」と一挙手一投足を観ていれば、その秘訣がわかってきて、あなたも「トップ営業マン」に近づけます。

　深いところを見極めようとするまなざしを仏教では「観」(かん)というそうです

が、その「観」です。

「ボーっと生きてんじゃねーよ！」とチコちゃんに叱《しか》られないようにしたいものです。

（4）経営はバランスが大事

「ちょっと意外なお話かもしれませんが、メリーゴーラウンドってテーマパークや遊園地の中でもケガが多いアトラクションなんです」

「えっ、こんなにゆっくりとした動きなのにですか？」

「そうです。どういうときにケガをするかというと、馬に乗ったり降りたりするときに足を踏み外して捻挫《ねんざ》したり、体を床にぶつけて打撲《だぼく》を負ったりです。小さい子どもを親が抱っこして乗せたり降ろしたりするときに、落としてしまうこともあります。そしてまれにふざけて乗っている人が落ちたりもします。ほとんどが軽微なケガですけどね。反対にジェットコースターのほうがケガをすることは少ないです。

この両者の違いはお客さんの自由度にあります。ジェットコースターは安全バーを下げたり、シートベルトを締めたり、乗っているときはあまり身動きがとれませんよね。それに対してメリーゴーラウンドはどうでしょう？」

「途中で降りようと思えば降りられますよね」

「そうです。だから予想外の動きをお客さんがすることでケガにつながることもあるのです。ここからバランスということについて学ぶことができます。

どんな経営でもバランスが大事ですが、テーマパークでも同じです。第1部でも述べましたが、例えば、テーマパークでは『安全性』と『エンターテインメント性』（楽しさ）のバランスが求められます。

しかし、安全性とエンターテインメント性は一定レベルでトレードオフ（一方を高くすれば他方が低くなる）の関係にあります。安全性を高めれば高めるほどエンターテインメント性は下がってしまいます。逆にエンターテインメント性を高めれば高めるほど安全性は下がってしまいます。

メリーゴーラウンドの例でいえば、子どもが乗った状態で頭の上から足の先まで完全に固定してしまえば落ちることはありません。安全性は高まるでしょう。ただ、そ

ういう状態で楽しいと思いますか？　想像するだけでもつまらない、むしろ苦痛になってしまいますよね」

「子どもは縛《しば》られたら絶対に嫌がりますよ」

「こういったことは経営でも同じで、顧客満足だけでもいけないし、利益重視だけでもいけませんので、バランスは非常に大事です。

みなさんもお客さんのためにやりたいことはたくさんあると思いますが、お客さんのことばかり考えて会社の利益を度外視すると、みなさんの給料も払えなくなるし、お客さんにもサービスを還元できなくなりますので、常に多面的に物事を観ながら仕事をしていきたいですね」

(5) メインターゲットだけでなく周辺も視野に

「さぁ、これでメリーゴーラウンドのお話は終わりです。メリーゴーラウンドってどちらかというと子ども向けのアトラクションですよね？　テーマパークや遊園地といえばファミリーがメインターゲットのところが多いです。ただ、ファミリーがターゲットとしても、どうしても子どもを中心に遊園地はコンテンツを考えがちになります。でも、子どもだけ楽しんで親は楽しくないというのでは、いずれ遊園地の売上は減っていきます」

「子どもだけが遊んでいたとしても親も入場料を払いますからね（笑）。それにせっかくなら親としても楽しみたいです」

「そうですよね。子どもの楽しそうな姿を見れば親としても嬉しいですが、せっかくですからね。ですので、遊園地側は子どもの周辺の人たちも楽しませるような演出が必要になってきます。例えば親の世代にとって懐《なつ》かしいＢＧＭを流すとか、居心地のいい空間を用意するなどが必要となってきます。何しろお金を出すのは親ですから。

みなさんも、ご自身の仕事で、メインだけでなく周辺も視野に入れると、思いがけない発見があるかもしれませんよ。取引先の担当同士で行なう仕事でも、相手方の上司や幹部、経営者に好かれていると決断いただくのが早くて、担当同士で仲がいいことよりも効果が大きかったりしますからね」

「それはよくあることですね」

「そろそろお昼ですね。みなさん、次は昼食にしましょうか。たくさん歩きましたので、ランチ休憩にしましょう」

第4章 飲食店・物販店での数字の見せ方や五感の刺激方法

Chapter Four

(1) 飲食店は何で勝負したいですか？

「ではここで昼食を食べましょうか。テーマパークの飲食店でみなさんが感じていることってありますか？」

「やっぱり高いということでしょうか。高くてもおいしければいいのですが、テーマパークや遊園地は高いけどおいしくないというイメージがあります」

「テーマパークや遊園地では食べ物によっては、単純に園外のファストフード店と比べると、それこそ2倍もするものもあって、初めて訪れた人はみなさん本当に驚きます。もちろんボリュームが大きかったりということもあります。ただ、値段のインパクトから飲食店に入ってもらえないこともあるので、飲食店の外からでは何が食べられるかわかっても、値段がわからないことが多いです」

「たしかに入ってみると『えっ！　こんなに高いの』とビックリしたことがあります。でも、『まあ、入ってしまったから仕方がないか』と諦《あきら》めてしまいます」

「そこが狙いです。とくに日本人は性格上、1度入ってしまうと何も食べずに出てしまうのは申し訳ないと感じてしまうため、値段が高くても食べてくれます。

お店からしたら『とにかくお客さんをお店の中に入れること』に知恵を絞っていますから。外で値段を見ると高いということがわかるので、お客さんはお店に入ってくれなくなるんですよ。もちろん最近はテーマパークも味や見た目のクオリティにこだわりを強く持つようになっていますので、食べてみたらおいしかったというコメントは増えています。でもおいしくないという先入観だったり、人間は数字を見ると食べていなくても数字だけで高いか安いか判断してしまいますからね。一般的に高い数字を見ると、やめておこうという判断になるのです。せめて食べてから高いか安いか判断してくれということですね」

（2）雰囲気だって味の一部

テーマパークの飲食店はたしかに園外のそれと比べると高いですが、いい面ももちろんあります。例えば恐竜がテーマのエリアだったら恐竜の化石を見ながら食べるとか、ジャングルの中で食べるとか、そういった特別な空間で食べているという付加価値があります。それがおいしさも底上げしてくれますし、体験価値が上がるのです。

清流の近くでうどんやそばを食べると、きれいな水でつくられたものというイメージから、より付加価値の高いもの、おいしいものと思うことができます。以前にテレビで有名シェフが安い食材を使って料理をつくり、高級な食材だと紹介して食べてもらうというものを見たことがあります。お客さんはそれを食べて、高級な食材の料理であることを疑わないわけです。もちろん有名シェフがつくる料理なので、おいしいことは間違いないのだと思いますが、お店の雰囲気や有名シェフがつくったからということで安い食材なわけがないと思い込んでしまうのだと思います。

のちほど五感の話をしますが、飲食店で大切なのは味覚に訴える味だけではありません。見た目、雰囲気、聞こえてくる音、料理の香り、触感などそれらすべてが相まってお客さんの満足度を左右するのです。

（3）本当の気持ちでお勧めするには

私は、ホテルと併設の遊園地などのコンサルテーションをする場合、そのホテルに泊まることが多いのですが、お客さんがフロントで従業員に「この近くにおいしい料理のお店はありませんか？」と尋ねている会話をよく聞きます。

従業員は、「あそこのお店がお勧めですよ」とお客さんに説明していますが、そのあと仕事の会話の中でその従業員に「さっき勧めていたお店に行ったことありますか？」と尋ねると「いいえ、行ったことありません」と答えます。

マニュアルどおりの回答なのかもしれませんが、ちょっと残念に感じてしまいますね。もちろん自腹で食べてきてくださいと強制するものではありませんが、自分でお勧めするからには、自ら直接行って味を確かめたいものです。

お客さんによって好みもあると思います。そういったことを会話しながら確かめて、そのお客さんに合ったお店を勧めるには自分で直接情報を集めることが大切です。自分が確かめた情報であれば、心から勧めることができます。心から勧められているかはお客さんからわかるものです。

「みなさん、お腹《なか》いっぱいになりましたか？　ちょっと食後の運動ではないですが、物販店舗を見て回りましょうか。お土産物屋《みやげものや》さんですね。物販店舗は夕方から混む傾向にありますので、お昼にちらっとでも見ておくと、あとの買い物がスムーズにできるようになりますよ」

(４)まずは商品を触ってもらうだけでＯＫ

「ちょっとこのお店を覗《のぞ》いてみましょうか。飲食店と同じ質問ですが、みなさんはテーマパークで売っている商品についてどういう印象をお持ちですか？」

「やっぱり高いですね（笑）」

「そうなりますよね（笑）。飲食店だけではなく、純粋に売っているものの用途を考えると割高に感じますよね。とくにキャラクターを使用した商品はライセンス料があるので値段に上乗せしておかないと会社の利益が出ません。

しかし、それでもお客さんは買って帰ります。そのテーマパークが好きだという理由もあるでしょうが、戦術として値段を積極的にアピールしていません。なぜでしょうか？」

「高いところほど値段がわからないような気がします。高級なアパレルショップでは、服を買おうとするとタグを探さないと値段がわからないですよね」

「そうですね、アパレルが同じ狙いなのかどうかはわかりませんが、あえて値段を大きく見せないようにしています。そのためお客さんは商品の値段を確認しようと触ることになり、触るとほしくなるという心理効果を狙っています。

マーケティングで有名なジョアン・ペックとスザンヌ・シューの調査によると、商品に触ると愛着が湧いて、その商品に対する評価が変わるそうです。さらに、まだ購入前でも自分の所有物という感覚が芽生《めば》えるそうです」

「それで高い商品を売ろうとする場合、値段がわからないようにしてあるんですね。ジャケットの値段が一目で10万円とわかるようにしてあったら、私たち一般サラリーマンからしたら最初から引いてしまいますね。そのジャケットに触れることも躊躇《ちゅうちょ》してしまいます」

「ところが値段をわからないようにしておくと『感じのいい服だな。一体値段はいくらするんだ？』とタグを探すことで商品に触れます。そうすると一度触れたあとなので、自分のものにしたいという気持ちがあって、同じ10万円でも印象が変わるわけです。

このように、お客さんに商品を触らせて購買意欲をかきたてるため、あえて値段がわかりにくい陳列や表示をしています。ほかにも商品名を出さないことで触って確かめないと何に使うものなのか、用途がわからないようにしているところもあります」

テーマパークでもぬいぐるみが置いてあるとついつい触りたくなります。それは値段がわかりにくいからです。ぬいぐるみの大きさにもよりますが、5，000円のぬいぐるみが置いてあったとしましょう。遊園地だと入場料よりも高いぬいぐるみです。大きく5，000円と表示されていたらぬいぐるみに触るでしょうか？　そもそも近づきもしないかもしれません。

客単価が低い遊園地に私がコンサルタントとして行くと、高い商品にでかでかと値札を付けていますが、これでは売れるはずがありません。そこで、「できる限り小さく表示するように」とアドバイスします。ほかにもなかなか売れないので汚《よご》れないように袋に入れた状態で売っているぬいぐるみもあります。それではぬいぐるみの感触が伝わりません。せめて一番前に陳列しているものだけでも袋から出してほしいですね。それだけで売上が大きく変わります。

逆に「安さ」をアピールする場合は、価格を積極的に出しています。スーパーなどでも「安売り」する商品は、お店の入り口に陳列するなど目立つようにしています。売りたいもの、値段によって見せ方を工夫するということも大切ですね。

（5）五感の刺激が売れる秘訣

「クッキーのいい香りがしてきましたね」

「このお店ではお店でクッキーを焼いているんですね。買ってみようかな」

「いえ、このお店で焼いているわけではありません。もちろんその場で焼いているお店もありますが、ほとんどのお店はその場で焼いているわけではなく、既製品です」

「そうなんですか！　クッキーの香りがしたんで、ついここで焼いているんだと思いました」

「おっしゃるように、その場で焼いていなくてもクッキーの香りがするだけで『おいしそう！』と思ってもらえますよね。それがきっかけで『食べたい！』という感情になり、お客さんは買ってくれます」

「百貨店の食品売場やスーパーなどの試食は、肉であればジューという焼く音、焼いた肉の匂いでついつい意識がそちらに向きますね」

「そうです。飲食店でもお伝えしましたが、テーマパークは五感に訴えるということを大切にしています。このお店ではクッキーの見た目だけではなく、焼いたときの香りで嗅覚に訴えかけていますね。スーパーの試食であれば肉を焼く音が聴覚に訴えます。そして食べてもらうわけですから、触感や味は触覚と味覚に訴えかけられますね。

　ところでみなさんはスターバックスコーヒーといえば何を連想されますか？」

「緑のロゴとかお店の雰囲気、Ｍａｃで仕事をしている人が多いイメージもあります」

「そうですよね。でもスターバックスコーヒーって飲食店ですよね？　今おっしゃった連想ってすべて目から入ってくる情報ですよね。飲食店だと料理そのものの見た目もそうですが、味とか連想されそうな気がしませんか？　でもこれはごくごく自然なことで、スターバックスコーヒー以外の飲食店で質問してもほとんどのかたは目から入ってくる情報をおっしゃいます。それだけ目から入ってくる情報は多いのです。

　反対に、鼻から入ってくる情報、嗅覚を刺激するようなにおいですが、常に何かのにおいを感じている時間ってあまりないですよね。ふだんから刺激になれていない感覚の１つです。だから嗅覚を刺激するとお客さんの反応を期待することができます。

街でも、お茶やコーヒーを売っているお店が、歩いている人たちにいい香りを提供しています。そうすると、つい買いたくなってしまいますよね」

（６）物を売らずに体験を売る

「あそこのおもちゃを売っている物販店で、シャボン玉やヨーヨー、床を照らすライトなどで従業員が遊んでいますね。別に彼らはサボっているわけじゃないですよ（笑）」

「子どもがそれを見て『自分が遊んでいる姿』をイメージさせて購買意欲を高めようとしているんですか？」

「そのとおりです。ただそこにおもちゃを置いているだけでは、子どもはなかなか買ってはくれません。そのため従業員自ら遊んでいる姿を見せるわけです。ときには一緒に遊んで体験してもらいます。おもちゃという物ではなくおもちゃを使って遊ぶ体験を売っているわけです。

そして、ここで大切なのは、その遊んでいる従業員が真剣に楽しむということです。実際に使っている人が楽しそうだから子どももほしいと思うのです。従業員が楽しそうに遊んでいなかったら売上は伸びません。『俺たちが楽しくないとゲストは楽しくねぇだろうが』と株式会社ユー・エス・ジェイ時代に私も先輩からよく言われたものです」

「そこまでやるんですか？　従業員のかたたちも大変ですね」

「従業員は『このおもちゃで、どうやったら子どもたちが楽しめるか？』常に試行錯誤しています。それを実演してみせて売上が伸びれば、従業員のモチベーションもますます高まることになります」

　サラリーマンが営業する場合も同じです。「これは絶対お勧めです！」と、自分が体験して自信を持って勧めるのと、たんなる仕事として勧めるのとでは、お客さんの反応はまったく違います。

　飲食店のところでもお伝えしましたが、自分の会社の商品でも、自分が実際に体験してみて「これがいい！」と思った商品を勧めると、それはお客さんに伝わります。

どんなにいい商品でも商品がいいから売れるとは限りません。お客さんのお困りごと、要望をうかがって、それならこれがお勧めですと心から勧められるから買おうと思うわけです。

(7) 店内はゆったり音楽、レジ近くは速いテンポ

「ここの店内はゆったりとしたテンポの音楽が流れていますね。それではレジのほうへ行ってみましょう。どうですか？　テンポが速くなった気がしませんか？」

「明らかに速くなっています」

「そうですよね。商品が陳列してある店内はゆったりとしたテンポで、レジ近くは速いテンポですよね。これは、たまたまそうなっているわけではなくて、意図的に変えています。みなさんが、売る側だったら店内をゆっくり見てほしいですか？　それとも足早に見てほしいですか？」

「ゆっくり見てほしいです。そうでないと売れる商品も見過ごされてしまいそうですから」

「ゆったりとしたテンポだと、気持ちも落ち着きのんびりしてくるため、ゆっくり店内を見てもらえます。その結果として、目に入ったものを『あれも買おう、これも買おう』と購入点数が増えていくので、客単価が上がることになります。

では、レジ近くは、なぜ速いテンポにしていると思いますか？」

「レジが混まないようにするためとか？　従業員も作業テンポが速くなりそうですね」

「なるほど！　従業員の作業テンポの観点は私にはなかったですね。次回の研修から使わせてください（笑）。みなさんもコンビニエンスストアのレジでお金を払おうとしたとき、『お客さん、この新しい商品いかがですか？　本日、お勧めになっています』などと言われてつい買ってしまうことってありませんか？」

「うしろに何人か並んでいると、考える余裕もないので、つい買ってしまうことがあります」

「テーマパークや遊園地によっては、コンビニエンスストアと同じように、何かつい買ってしまう商品が置いてあります。そこでテンポを速めると急《せ》かされる感じになっ

て、衝動買いを促進することにつながるため、わざとレジ近くだけテンポを速くしているところもありますね」

音楽に関しては、例えば、子ども向けの場所に大人が入りにくい場合、親世代の人たちが子ども時代に聴いたであろう曲を流すことによって、入りにくさを軽減しています。

またテーマパークに入る前の音楽は速めにしてお客さんのテンションを上げたり、帰りは逆に『蛍の光』ではありませんが、ゆったりとしたテンポの音楽にして「ああ、今日は楽しかった。帰るのが寂しいな！」と余韻《よいん》に浸《ひた》るような演出も見られますね。

（８）買ってもらうにはそれまでの順番を考えること

「恐竜のアトラクションを体験したあとに恐竜のぬいぐるみやフィギュアなど恐竜関連商品を見ると、お客さんは気持ちが高ぶっているので思わずほしくなります。

そのため、アトラクションを体験したあとの導線設計として、そのアトラクションに関連した物販店を配置するテーマパークや遊園地が増えています」

「自分が体験したアトラクションに関連した商品が売っていると、通常より購買意欲は高まるでしょうね」

「恐竜の商品がただ置いてあるだけではあまり買ってくれませんが、恐竜の迫力を体験したあとでは、思い出の品という意味でも、みなさんほしがります」

「それで、アトラクションが終わったあと出口がお店に直結している設計になっているのですね」

「これもお客さんに思い出を持って帰ってもらいたいということと、客単価を伸ばすための知恵ですね。やはりただ売るだけではなかなか買っていただけない時代になっています。買っていただくための工夫もテーマパークから吸収していただきたいですね」

「どこの業界でも、買っていただくのに大変苦労していますからね」

「そうですね。それではみなさん、帰りに買うものは決まりましたか？　次は観覧車に乗りましょう。いろんな店舗を見ましたが、まだまだお腹いっぱいですよね。食後にいきなり動きの激しいアトラクションは体への負担が大きいですから、もう少し観覧車で休憩しましょう。あ、でも観覧車でも学ぶことがありますからね」

第5章 観覧車のように気づいてもらうには？

Chapter Five

(1) AIDMAの法則「ここにいるよ」

「これから観覧車に乗りますが、遊園地には必ずといっていいほど観覧車があります。なぜだと思いますか？」

「観覧車は大きいですから、遊園地の外から見えますよね。『ここに遊園地があるよ』とアピールするためですか？」

「そうですね。観覧車は遊園地のランドマーク（目印）的役割を担《にな》っています。冒頭にテーマパークは外から見えないことによってテーマ、世界観をつくりやすくしているというお話をしましたが、遊園地はそもそもテーマにこだわる必要がありません。二大テーマパークのように場所まで知っていただいているということも少ないので、観覧車があることで存在をアピールできます。

観覧車例
「観覧車」
（福岡県　かしいかえん シルバニアガーデン）

　このように、観覧車の存在でそこに遊園地があることを気づいてもらえなければお客さんはなかなか来ません」

「スーパーでも、『今日の目玉はこれだ！』とチラシに大々的に宣伝していますね。私の妻は毎朝、新聞を読むより先にチラシを必ずチェックして、その日の購買予定を立てていますが、これと同じですね」

「そうですね。メリーゴーラウンドで一流の話をしましたが、そもそも会社であったりお店であったり、存在に気づいてもらえなければお客さんは来てくれませんし、商品やサービスに気づいてもらえなければ買ってもらえませんからね。簡単には気づかれないサービスが一流のサービスというお話とは切り離してくださいね」

アメリカのローランド・ホールが提唱した「消費行動」の仮説で『ＡＩＤＭＡ（アイドマ）の法則』というものがあります。Attention（注意）→Interest（関心）→Desire（欲求）→Memory（記憶）→Action（行動）の頭文字をとったものです。

入り口でお話しした風船もそうですよね。

Attention（注意）：何か浮いていることに気づく。

Interest（関心）：あ、風船だ。いっぱい浮かんでるなぁ。

Desire（欲求）：風船ほしいなぁ（でも親はあとでと言う）。

Memory（記憶）：あとでって言われたから覚えておこう。

Action（行動）：あとでって言われたから帰りに風船を買ってもらった。

観覧車はまさにAttentionになります。そこに遊園地があると気づけます。さらに近所の人からすれば、毎日のように見るのでMemoryとしての役割も担っていますね。最近ではＡＩＤＭＡ以外にも派生したモデルがありますので、みなさんの会社に合うものを探してみてください。

（2）職場を楽しくする「遊びに関する4要素」

「観覧車に乗るお客さんは多いですが、このテーマパークの観覧車のゴンドラ（かご）は、赤、オレンジ、黄、緑、青、の5色あります。ところで、みなさんはどの色の観覧車に乗るのか当てることができますか？」

「並んでみないとわかりませんね」

「そうですよね、順番に並んで乗りますので、どの色に乗るかはわかりませんね。ですから自分の好きな色に乗れるのかわかりませんね。テーマパークや遊園地によっては少し待つかわりに好きな色に乗れたり、ジェットコースターでも好きな座席に座れたりしますが、基本は並んだ順です。このように『何色に乗れるかな？』と好きなものを指定できないという『偶然性』が楽しさを増長します。

また子どもは、自分が好きな色に乗りたがるので、その色に出会うまで乗ろうとしますからリピート率も高まることになります。実際に私がいろいろな遊園地で拝見したデータでは、ゴンドラの色がいろいろあるものと一色に統一されているものでは、いろいろあるほうが遊園地の入場者に対して観覧車に乗る人の割合は高いです。もちろん一色に統一されているものはテーマ性を表現しやすかったり、インスタ映えしやすかったりしますけどね」

観覧車例
「大観覧車」
（香川県　NEWレオマワールド）

「偶然性ですか？　なるほど。私は毎年年末に宝くじを買っていますが、これも偶然性の理論を利用しているわけですか？」

「そうです。ゲームやくじ引きも結果がわからないから楽しいのです。もちろん宝くじも、買ったら必ず1等が当たるのであればみんな買うと思いますが、それは楽しさとは別ですよね」

「私は松岡修造さんの大ファンなのですが、彼の『日めくりカレンダー』は『今日はどんな熱い言葉を語ってくれるんだろう？』といった楽しみがありますね。

また、私の会社では朝礼を毎朝やっているのですが、『今日、あの人はどんな話をしてくれるんだろう』とか期待感があります」

「それも『偶然性』の楽しみですね。朝礼でも『その日にならないとスピーカーは誰に当たるかわからない』という『偶然性』を取り入れたりすると楽しいかもしれませんね。

また『座る席が毎日替わる』『シフトによって組むメンバーが替わる』のように『今日はどうなるだろう？』という『偶然性』を利用して職場を楽しくすれば『離職率改善』に役立つかもしれません。ただ、スピーカーであれば話す内容は毎月固定にして準備させておき、急に当たっても問題ないようにするなど、ストレスを軽減させてあげることも大切です。シフトによって組むメンバーが替わるのも、あの人と組む

のは嫌とかであればストレスになりますので、実施には環境整備も大切ですけどね」

「今はどこも人手不足で悩んでいますから、それはいいアイデアだと思います」

「日常生活でも『偶然性』の楽しさは身のまわりにたくさんあります。例えば、本との出会いもそうです。子どものころ、たまたま家庭に置いてあった本との偶然の出会いが読書の楽しみを教えてくれたり、将来なりたい姿を描けたりします。旅行先で偶然聴いた音楽が一生忘れられなくなったりします。

みなさんは、これからの人生で、どんな偶然に出会うでしょうか？ 楽しみですね」


フランスの社会学者であるロジェ・カイヨワは、遊びについて以下の4要素に分類しています。
①競争性
②偶然性
③模倣性

④めまい

偶然性以外のほかの3つについて簡単にご説明します。

①の競争性は、遊園地ではゴーカートが大変人気です。自分で運転でき、ゴーカートによっては友だちとの競争が楽しめます。会社員だったら同期との出世競争を楽しめるといいですね。実際には出世競争はストレスもたまりますので、仕事には直接関係ない部分で数字を競えるといいです。「ありがとう」といった回数なんかいいかもしれませんね。

③の模倣性は、おままごとのごっこ遊びとかが一番イメージしやすいですね。「自分がトップ営業マンだったらどうするか」などその人物になりきることで、気分が上がったりします。その気になることが大切です。

④のめまいは、遊園地ではジェットコースターのようなものです。会社でいえば飲み会などのようにみんなで盛り上がることが該当しそうです。最近は若者に限らず中高年のかたたちも飲み会を敬遠するようですが、そういう場が好きではない人は共通

ゴーカート例
「ゴーカート」
（福岡県　かしいかえん シルバニアガーデン）

の趣味などでサークル活動をやるといいですね。かくいう私も最近は仕事柄、お酒をやめたので飲み会は遠慮しがちですが……。

ぜひ会社の中でも上記４つのうち、やれることから取り入れて、生き生きとした職場を目指してほしいと思います。

（3）常識がいつ何時も正しいとは限らない

「みなさんは、これまでジェットコースター、メリーゴーラウンド、観覧車に乗りましたが、もし、みなさんがこれらの乗り物の従業員として地震に遭《あ》った場合、乗り物を止めますか？　それとも動かし続けますか？」

「どのくらいの規模の地震かにもよるでしょ

うけど、電車やエレベーターなどは基本的に止まりますよね」

「そうですね。テーマパークでも、ジェットコースターやメリーゴーラウンドでは地震が起きたら止めるようにマニュアルで決まっています。では観覧車でも同じように止めるでしょうか？」

「危険だから止めますよね？」

「常識で考えたらそうですが、必ずしもそれが正解というわけではありません。もちろん大地震で観覧車が大きく揺れたり、異常な音がしたら止めますが、観覧車の場合、よほど大きな地震でない限りは動かし続けることもあります」

「お客さんは大丈夫ですか？」

「むしろ、そのほうが安全なことが多いです。もし止めて地震の影響で再稼働できなくなったとしたら、高さが数十メートル以上もある観覧車ですから、救助が大変です。消防に来ていただいて、はしご車で救助してもらうということもありますが、何時間もかかってしまいます。それだったら観覧車を動かし続けて、順番にお客さんを降ろしたほうが賢明です」

「なるほど。何時間も高いところにいて、真夏日だったりしたら熱中症の危険性もありますね」

「そうです。エアコンのついていない観覧車も多いですからね。有事の際、一般的にはすぐに止めるという判断になりそうですが、『何かあったら止めるという常識が正しいとは限らない』ということです。

例えば、ほかのアトラクションでもお客さんが乗っている最中に具合が悪くなることがたまにあります。広い場所の中で移動するアトラクションで、もし乗り場から一番遠いところでそうなった場合、『すぐにアトラクションを止めたほうがいい』のか『お客さんが乗り場に到着するまで動かし続けるほうがいい』のか判断に迷うことがあります。その場所でアトラクションを止めて救助に向かうより、乗り物に乗ったまま乗り場まで戻ってきてもらったほうが早いことがあるからです。もちろん乗り物の動きによって、乗り続けること自体が危険な場合は途中で止めますけどね。

マニュアルは当然ありますが、現場にいる担当者の冷静な判断が求められます。みなさんも、仕事をしていて、同じような経験をされていると思いますが、どこかで観覧車を見かけたとき『常識がいつ何時も正しいとは限らない』ことを思い出してみてください」

「これも先ほどの『見る』と『観る』の違いに通ずるところがありますね」

「おっしゃるとおりです。ところでジェットコースターは『一番前と一番後ろ』どちらが怖いと思いますか？」

「常識的に考えて（笑）、一番前だと思います」

「ほとんどの人は、そう答えます。でも一番後ろのほうが怖いんですよ。なぜかと言うと、一番前はコースがはっきりわかるので、落ちるときも恐怖に対する心構えができますが、一番後ろはコースがよくわかりませんので、心構えができないため、いきなり落ちるので怖いんですね。また物理的にも一番後ろのほうが引っ張られる感覚で体感上でもスリルを味わえます。絶叫系アトラクションが苦手な人ほど一番前に乗っていただきたいですね」

（４）発信しなければ相手には伝わらない

「遊園地によくある子ども汽車と同じように、観覧車は遊園地の全体が見渡せるため『あそこにあんなものがある。向こうのアトラクションも面白そうだな』などとゆったり流れる時間の中で考えることができます」

「観覧車は景色を見るしかありませんから、地図を見たり歩いたりしたときに気づかなかったことがわかりますね」

「お客さんに次の行動を決めてもらいやすいので、テーマパークとしては少しでも体験していただく施設を増やせることになります。遊園地によっては観覧車の中で各施設を紹介するようなアナウンスもあるので、より行動意欲をかきたてることになります」

「私たちの仕事でも『うちでは印刷のほか、こんな仕事もこなせます』ということを顧客に知らせておくということですね」

「そうですね。個人的にも、パソコンが得意ですとか、英語が得意ですとか、上司に知らせておくと、自分の仕事の幅が広がります」

子ども汽車例
「森の鉄道」
（福岡県　かしいかえん シルバニアガーデン）

「実際、自分の会社でもありました。海外からの発注があったのですがスペインからでしたので断ろうとしたら、別の部署にスペイン語の堪能《たんのう》なかたがいたのです」

会社の上司は、自分の部下がどういうスキルを持っているか、しっかり把握《はあく》しておくことで会社の発展にもつながります。

『ＡＩＤＭＡの法則』と同じですが、まず気づかないと始まりません。情報は自分から発信し続けることが大切です。私のコンサルタント業でも、各種のメニューを見せることによって売上が確実に上がりますので、情報提供をいかに効率よくやるかが大事になってきます。

「メリーゴーラウンド、観覧車とゆったりしたものが続きましたので、緩急ということで次は急流すべりに行ってみましょうか。あそこに見えるボートが落ちて水しぶきが上がっているところですよ。ちょうど向かう途中にトイレがありますから、トイレに寄ってから行きましょうか」

(5)ディズニーランドでは正解をあえて教えられなかった

「テーマパークはトイレからも学べることがたくさんあります。トイレはきれいでしたか？」

「すごくきれいでしたね。もうお昼を過ぎているのに、掃除したてのようでした」

「もちろん定期的に清掃はしていますが、例えばディズニーランドは夜間の清掃を徹底的に行ないます。私も夜間の掃除をしたことがあるのですが、先輩からはトイレの清掃は『そこで赤ちゃんがハイハイできるぐらいきれいにしなさい』と教えられました」

「『赤ちゃんがハイハイできるぐらい』ってかなりきれいにしないといけないですね」

「そうです。そこが私はディズニーランドの人材育成の肝《きも》だと思っています。実際、この私もトイレ清掃ではとにかく徹底的にきれいにしましたので『ああ、このまま、このトイレの中で寝てもいいな』と本気で思えましたね。それくらいきれいにしました。

　もちろんテーマパークではマニュアルはしっかりできていますが、いちいち細かく指示するよりも、このトイレ清掃のように『赤ちゃんがハイハイできるくらいまできれいにするように』という教え方なのです。そうすると、自分で成果イメージを考えるようになり、そうするためにはどうするか考えます」

「そうなると、自分が『清掃をやらされている』から『自発的にやっている』になってモチベーションが一気に高まりますよね？」

「まさにそのとおりです。やる気が出ますね。もしそれでやり方が異なっていれば教えてあげればいいだけです。まずは考えてもらうことですね。清掃以外でもどんな場面でもわかりやすい例えを使って考えてもらうということが大切です。そうすると、従業員によって個性が出てくるので、サービスのバリエーションが生まれてきます。いいやり方があればそれをみんなで共有すれば、より一層クオリティの高い会社になっていきます」

「さぁ、急流すべりが見えてきました。悲鳴も聞こえてきましたね（笑）」

第6章 急流すべりに学ぶ「伝え方とコミュニケーション」

Chapter Six

（1）ギャップは仕事においても恋愛においても大切

「急流すべりは、ボートに乗って滝から落ちますので、乗る場所によってはみなさんに水がかかったりしますが、ほとんどはかかるものと思ってください」

「服が濡《ぬ》れちゃいますね（笑）」

「ポンチョ（外套《がいとう》）があそこで売っていますので、必要な人は買ってくださいね。水を使うアトラクションは多いですが、一般的に水は安心感を与えるので、滝から落ちる恐怖と安心感とのギャップがお客さんを楽しませてくれます。少し時代錯誤ですが、仕事でも若いのにしっかりしているとか、いいギャップはプラスに作用しますね。

また、水系のアトラクションは、五感のうち①水という変化のある見た目②水の流れる音③水がかかったときの冷たさ、という3つの感覚を楽しむことができますので、体験価値が高くて記憶に残りやすいです」

「恋愛でもギャップがポイントだったりしますね（笑）。それに、ここでも五感が大切なんですね。テレビCMなどでも耳に残りやすいリズミカルな音楽が流れるとつい口ずさんでしまいますが、これも同じですか？」

「そうです。CMにおいて流れる音楽で、この企業といえばこの音、フレーズというのはありませんか？　そういったものをジングルと言いますが、耳から入ってくる情

急流すべり例
「急流すべり」
（広島県　みろくの里）

報でジングルが残っていると再び聞いたときにその企業のことを思い出しますね。同じビジネスでも、いかに五感に訴えて商売をするかが大事になってきます。みなさんも、日頃から心掛けてみてください。五感だけでも考える切り口は5つありますからね。どこかにビジネスのヒントが転《ころ》がっていますよ」

（2）少しだけ濡れたらクレームになる

「いやぁ、濡れましたね。講師なので濡れる場所を避けて座りましたが、それにしても濡れました。みなさんびしょびしょですね（笑）」

「先生、それはズルいですよ！　だいぶ濡れてしまいました（笑）」

「すみません（笑）。ところでみなさん、こういった濡れるアトラクションに乗って、濡れたことについて従業員に文句を言いますか？」

「いえ、別に。ある程度濡れることは覚悟していましたから。それより楽しかったです」

「急流すべりは、私も現場の接客を担当したことがあるのでよくわかりますが、お客さんの乗る場所によって濡れ具合がまったく違います。席順は、どこになるかわかりませんので、濡れるか濡れないかは、自分でコントロールできません。私はみなさんを濡れる席に誘導しましたけどね（笑）。

一番前は水をもろにかぶるのでびしょびしょになりますが、うしろのほうはあまり濡れないことが多いです。さて、みなさん、どちらのお客さんのほうがクレームは多いでしょうか？」

「そりゃ、一番前の水をもろにかぶるほうではないですか？」

「と思いますよね？　実は一番前のびしょ濡れになるお客さんはあまりクレームを言いません。ゼロとは言いませんが、少ないですね。むしろ中途半端に濡れるお客さんのほうがクレームは多いです。

一番前のお客さんは『濡れるもの』と覚悟していることもありますが、笑うしかないぐらい濡れると怒りが起こらないものです。一番いけないのは中途半端にやることです。この例でもよくわかるように、ほかの仕事でも中途半端は絶対いけません。

『とことん突き抜ける』ことが大事です」

「なんでも中途半端はいけませんよね。私どもの会社でも、お客さんからのクレームに中途半端な態度で接すると大炎上してしまうことがあります。また仕事に限らず、日常生活でも中途半端な人は相手にされなくなります」

「私のことでいえば、ディズニーランドとユニバーサル・スタジオ・ジャパンの二大テーマパークを経験して『テーマパークコンサルタント』として独立している人間はほかにいません。とことん突き抜けてニッチにやっているからこそ、競合相手もいなくてビジネスとして成立しているわけです。みなさんも、そのことを覚えておいてくださいね」

「先生みたいに珍しい肩書といえば、テレビを見ていると『アイスクリーム評論家』とか『ラーメン評論家』という人もいますね。アイスクリームの評論家さんは1年間に1千個以上ものアイスクリームを食べているとおっしゃっていました。面白かったのは、その人は生来《せいらい》お腹《なか》が弱いのに食べ続けていることです。やはり、なんでもそこまで徹底してやらないと一人前になりませんね」

「そうですね。世の中には想像もつかないようなことを考える人がいて楽しいですね。ところでみなさん、クレームからは絶対逃げてはいけませんよ。なんでもそうですが、逃げれば逃げるほど、追いかけてきますからね。その場から逃れようとするとお客さんも早くこの場を終わらせようとしているなと気づきますので、ますます怒りがこみあげてくるようになります」

「『クレームは会社の宝』と思わなければいけませんよね」

「実際、クレームから新しいアイデアが生まれてくる可能性は大いにあります」

（3）大事なことは最初に伝える

「『一番前のびしょ濡れになるお客さんはあまりクレームを言いません』とは言いましたが、やはり濡れると、文句を言うお客さんもいます」

「濡れたお客さんには、どう対応しているのですか？」

「タオルを貸し出すところもありますよ。お伝えしたとおり、ポンチョなども販売していますが、若い人たちは濡れるという体験も目的の1つなので、あまり被《かぶ》りませんね。でも、それほど文句を言わないのは、乗る前に『急流すべり』は水に濡れるということがわかっているからです。

事前に注意事項として説明を受けていることもありますが、順番を待っているとき、滝から落ちて水しぶきが上がるのを直接自分の目で見ていますから、『かなり濡れそうだな』とイメージして乗っているのであまり文句を言いません」

「濡れるのを承知のうえで乗っているわけですから文句の言いようがありませんね。嫌なら乗らなければいいわけですから」

「ですから仕事のうえでも大事なことは最初に伝えておくことですね」

「私も、取引先に大事なことを最初にお伝えするのをうっかり忘れて、厳しく叱《しか》られたことがあります」

「あとから伝えるとどうしてもトラブルを招くことになります。なんでもっと早く言ってくれなかったのとなりますからね。みなさんもご注意ください。そして、この急流すべりで濡れることについて必ず伝えなければならない理由がほかにもあります。お客さんはスマートフォンなど電子機器をお持ちですから、水に濡れて故障などトラブルを防ぐためにも、事前に大切なことをしっかり伝えておく責任があります」

「たしかに故障でもしたら大クレームですね」

(4)「押すなよ」は「押せよ」ではありません

「急流すべりは水に関連したアトラクションですが、バラエティ番組でプールのように水が出てくると『押すなよ』と言いながら押されるシーンがありますよね」

「『押すなよ』と言っておきながら『押せよ』ということですよね（笑）」

「そうですね（笑）。それに似たことが急流すべりでもありまして、急流すべりは、ゆっくり進むので足場があると簡単に降りることができます。安全バーやシートベルトがついていますが、とくに遊園地のシートベルトは途中で外せますからね。滝から落ちることがわかっているので、恐怖感から滝に到達する前に降りてしまうお客さんがたまにいます。『危険ですからやめてください』と注意喚起しても、ひょいと降りてしまいます」

「公園などでもよくありますよね。『ここへ登ってはいけません』と書かれてあると登ってしまう人が必ずいます。『ここへ入るな』と書かれてあっても入る人もいますし」

「そうです。『ここでは降りないでください』と書いてもあまり効果がありません。『このボタンを押さないで』と書いてあると押したらどうなるんだろうとイメージさせてしまうこともありますが、とにかく文字ではあまり効果が出ません。そこで、どうしたらいいか考えて『ここでは降りないでください』と文字で書くのではなく、降りようと思わない環境をつくるようにしています。

例えば、足場に花を植えたりすると、良心がありますから、その花を踏もうとする人がいなくなり降りる人が大幅に減りました」

「たしかに一瞬思いとどまりそうですね。その一瞬でも躊躇《ちゅうちょ》させることが大切なんですね」

「そうです。実際には従業員が監視カメラで危険なことがないか見ていますので、躊躇したときに館内放送で呼びかけたり、止めたりすることができますからね。同じ文字の例でも駅前などで『駐輪禁止』と書いてあってもあまり効果がありません。『この下ハトのフン注意！』などと書いてあったほうがよっぽど効果があるかもしれませんよ」

「ほかにも花のような例ってありますか？」

「例えば強化ガラスの上を歩かせると『この上を歩いても大丈夫かな』と思わず立ち止まったり、恐る恐る歩くのでスピードをコントロールできるようになります。安全とはわかっていてもガラスの上を歩くのはやはり警戒してしまいますからね。

ほかにも花と同じ植物ではこういった使い方もできます。例えば、子どもが遊ぶエリアに滑り台やジャングルジムがあったとします。滑り台は小さな3歳ぐらいの子ども、ジャングルジムは6歳ぐらいの子どもが遊んでいたとします。ジャングルジムで遊んでいる6歳の子どもも、そのうち滑り台で遊びたくなります。その場合、6歳の子どもは3歳の子どもが遊んでいる滑り台へ走って移動することがあります」

「危ないですね。もしその走って向かう途中に3歳の子どもがいたら衝突して3歳の子どもは吹き飛ばされてしまいますので非常に危険ですよ。下手をすると大事故にもなりかねませんね」

「そうです。そこで、ジャングルジムと滑り台の境界に低木であったり、花などの植物を植えておけば、6歳の子どもがまっすぐに走ってくるのを抑制することができます」

「季節ごとにお花を替えれば、見た目にもきれいですから、お客さんの心を和《なご》ませてくれますし、まさに一石二鳥ですね」

「そして今朝、入り口でキャラクターがたくさんいましたが、あれも実は安全対策にもなっています」

「どういうことですか？」

「今日は研修なので、みなさん入り口から私の話を聞いていただきながら歩きましたが、ふだんはどうですか？」

「乗りたいアトラクションに向かって走りますね（笑）」

「そういうかたが多いですね。でも走ってこけてしまったらケガをしてしまいますね。ほかのお客さんにぶつかるかもしれません。歩いてほしいのですが、走らないでくださいと言っても、なかなか素直に歩いてくれるお客さんは少ないです。そこでキャラクターです。人気キャラクターがいると写真を撮《と》りたかったり、ついつい横目で見ながら移動してしまいます。そうすると全力で走れませんね」

「それでは次にバイキングと呼ばれる海賊船を模《も》したアトラクションに乗りましょう。あ、あそこに従業員がいますので、バイキングの場所を聞いてきていただけませんか？」

（5）テーマパークのあいさつは双方向のコミュニケーション

「先生聞いてきましたよ」

「ありがとうございます」

「そもそもですけど、先生はバイキングの場所をご存じではないのですか？」

「はい、もちろん知っていますよ。このテーマパークの従業員とお話をしていただきたかったので、あえてお願いしました。いかがでしたか？」

「すごくていねいにわかりやすく教えていただきました。さっそく行きましょうよ」

「ちょっと待ってくださいね。最後に従業員から何か言われませんでしたか？」

「え？　うーん……あ、『いってらっしゃい』と言われました」

「ありがとうございます。テーマパークは一般的にはサービス業に分類されると思いますが、ふつうのサービス業で『いってらっしゃい』とかあまり聞くことはないですよね」

「たしかに聞かないですね。先日、ディズニーランドへ家族で行ったとき、『いらっしゃいませ』ではなく『こんにちは』と言われました。あれはどうしてですか？」

「一般のサービス業でお客さんを迎える場合、よく使われる言葉は『いらっしゃいませ』ですよね。でも『いらっしゃいませ』と声をかけられても一方的でお客さんは応えようがありません。『いらっしゃいませ』に対して『いらっしゃいました』とか言いませんからね（笑）。『こんにちは』というのは、初めてお見えになったお客さんでも、以前から知り合いのような気がして、ディズニーランドに親しみを感じませんか？」

「たしかに『こんにちは』と声をかけられると、『こんにちは』と無意識のうちに応えてしまいコミュニケーションが生まれますね」

「ですから、ディズニーランドでは、『いらっしゃいませ』とは言いません。『いらっしゃいませ』は従業員側からの一方向のコミュニケーション、『こんにちは』は双方向のコミュニケーションになりますから、ディズニーランドのコミュニケーションに対する考え方がよくわかります。今ではファミリーレストランやコンビニエンスストアでも真似《まね》して『こんにちは』と言っていますね。ただ問題は、心の底から声をかけているかです。表面上だけではお客さんにすぐ見抜かれますから」

「そうですね。やり方だけ真似してもダメということですね。つい最近の話ですけど、私があるお店で買い物をしたあと、『このお店に行きたいのですが』とそこの従業員に聞いたら場所を教えてくれたあとに『いってらっしゃい』と言われました。ふつうは『ありがとうございました』と言いませんか？」

「『いってらっしゃい』という言葉は、帰ってくるのを待っている人が言う言葉ですので、言われたほうは親近感が湧きます。『また来てくださいね』という意味もあり、それくらい親しい関係性をつくろうとする姿勢の現われではないかと思っています。だからこそディズニーランドは高いリピート率を誇っているのだと思います。『いってらっしゃい』と言ってくれる従業員がたくさんいるから『また来よう』という心理が働くのではないでしょうか」

ユニバーサル・スタジオ・ジャパンでも同じようなあいさつですが、地方の遊園地でも、今ではこれらを参考にして、お客さんをお迎えするときに「いらっしゃいませ」とはまず言わないはずです。

また、これはサービス業以外の会社でも非常に参考になります。私はクライアント先の事務所で、外回りに行くときや昼休みにご飯に行くとき、

「いってきます」

「いってらっしゃい」

戻ってきたら、

「ただいま」

「おかえり」

このように声をかけてもらっています。たったこれだけで、事務所の雰囲気が明るくなります。ホームという感覚ができますからね。

これを浸透させるコツですが、やらせるのではなく、上司がやってみせることが大事です。ルールとして強制させてしまうと意味がありません。まだ慣《な》れていない段階において職場で「いってきます」とか「いってらっしゃい」は少し気恥ずかしいですから。上司がまずは実践することで、部下が言いやすい環境をつくってみてください。

「場所も聞いていただきましたし、バイキングに向かいましょうか。私が先導すると聞いていただいた意味も薄れますので、みなさんについていきますね（笑）」

第7章 Chapter Seven
バイキング（海賊船）に学ぶ従業員の愛社精神構築法

(1)「2：8の法則」とは？

「これまでジェットコースターをはじめとして、いくつかのアトラクションを体験してきましたが、バイキングはすぐに乗れそうですね。ジェットコースターは60分待ちでしたが、バイキングは15分待ちですよ。

ところで経済活動で『パレートの法則』といって『2：8の法則』というものがあります。簡単に言うと、売上の8割は2割のお客さんによってもたらされているとい

うことです。テーマパークや遊園地も同じで、いろいろなアトラクションがあります

が、そのうちの人気の2割に8割のお客さんが集中することから、ジェットコースターのように人気の高いアトラクションは60分もの長い待ち時間となります。バイキングは、ジェットコースターほどの人気ではないので15分待ちです」

「絶叫系が苦手な人にとっては嬉《うれ》しい話ですね」

「そうですね（笑）。ジェットコースターのように人気のある2割のアトラクションは人気を維持していかなければなりませんが、そこが安定してきたら、次はバイキングのように残りの8割のアトラクションに力を注いでいくと新規顧客開拓につながったりします。テーマパークや遊園地は絶叫系に人気が集中することが多いので、絶叫系が苦手な人の開拓ができるということです。そして8割の中のいくつかが2割に昇格していくんですね」

「会社でも、社員の2割が稼いで、6割が可もなく不可もなく、残りの2割があまり仕事をしない、などとよく言われますよね」

「そうですね。『働きアリの法則』で『2：6：2の法則』とも言います。ところで

バイキング（海賊船）例
「パイレーツ」
（香川県　NEWレオマワールド）

面白い報告があります。この稼ぐ社員２割だけを独立させると、このグループも同じように『２：６：２の法則』に分かれるそうです」

「ということは、今まで稼いでいた社員の中から仕事のできない２割の社員が誕生するわけですね」

「これは進学校でも言えることです。優秀な生徒ばかりが集まってきたのだから、みんながずっと優秀なはずですが、いつの間にか『２：６：２の法則』で差がついていくそうです」

ここで出てきた「パレートの法則」と

は、イタリアの経済学者ヴィルフレド・パレートが発見した法則です。

経済活動において全体の数値の大部分は、全体を構成するうちの一部の要素が生み出しているという説のことで、「80：20の法則」「2：8の法則」と呼ばれることもあります。「2：6：2の法則」もその派生版ですね。

（2）経営者、作り手の思いを伝える

「みなさん15分待つ間にこの待ち列の通路に飾られている絵画を見ましょうか。どんなものがありますか？」

「世界地図らしきもの、あとは……宝島の地図でしょうか。向こうには海賊の肖像画も飾られていますね」

「ありがとうございます。絵画以外にも船着き場にありそうな木箱や荷を運ぶ網などが小道具としてたくさん置かれていますね。ここでも『見る』のではなく『観る』ということが大切なのですが、これらの絵画や小道具はこのアトラクションのストーリーを物語っています。あの肖像画で描かれている海賊がこれから乗る海賊船の船長で

す。そして世界地図で示されている場所がこの船着き場で、宝島を目指すわけですね。ここの従業員は船着き場で働いている人たちという設定です」

「ただ『見る』だけではそこまで気づけませんでした」

「そうですね、テーマパークとしてもそれとなくにおわせるくらいにしていますからね。じっくり見ていくと海賊の気持ちになって乗ることができますから、より楽しむことができますよ。それにここの従業員にとってもこのストーリーは非常に重要なのです。船着き場の職員としてこれから大航海する人たちを見送ると考えるのと、機械としてアトラクションを動かすのでは気持ちの入り方が違いますよね。

ストーリーといえば、みなさんは、自分の会社のストーリー、歴史をご存じですか？」

「私たちの会社も創業して80年経ちますが、創業者がどのようなかただったのかまったく知りません。むかしのことはよくわかりませんね」

「お客さんからしたら、ここまでのストーリーは1回乗るだけではなかなかわからないと思いますが、従業員は知っておかないとここで働くことはできません。従業員がストーリーを知っていると作り手の思いが伝わってきます。そうすると従業員は職場に愛着が湧《わ》き、ストーリーの中の登場人物になりきることができるので、モチベーションも上がることになります。

ですから、私の研修では、『みなさんは自分の会社の成り立ちを知っていますか？山あり谷あり、紆余曲折《うよきょくせつ》しながら今日の会社があるんですよ』ということを伝えています」

自分の会社の歴史をほとんどの社員が知りません。大きな会社になると「社長の名前」さえ知らない人が多いです。「この商品はいつから売られていると思いますか？」と聞くと、ほとんどの社員が知らないです。

やはり自分の会社の歴史や創業者をはじめ、先輩方の歩みを知っていないと自分の会社に誇りが持てません。伝えるときは、ただ何年に何があったかという年表ではなくて、物語・ストーリーとしてまとめて伝えていただきたいですね。

（3）理想になりきれ！

「待っている間に、絵画と小道具を『観て』いただきましたが、いかがですか？　大航海時代の海賊になった気がしませんか？」

「これから宝島に向かうんだってワクワクしてきました！」

「海賊船に乗ってこれから大航海へ乗り出していきます。こうやって海賊になりきれたら楽しいですよね。先ほどもお話ししましたが従業員も同じで、船着き場の職員にまずは自分がなりきることでモチベーションが上がりますし、お客さんが海賊になりきることを後押ししています。海賊になりきることに恥《は》ずかしさとか抵抗を感じるお客さんももちろんいらっしゃいますからね。何度かお話ししていますが、まずは自分からということです。ところで、みなさん、自分が目標とされているかたはいらっしゃいますか？」

「はい、私は本田宗一郎さん（1906~1991）が大好きで、いずれはあの人みたいな生き方をしてみたいです。実は私は学生時代、オートバイで日本一周したりしていましたので、今でも本田宗一郎さんには憧《あこが》れを持っています」

「憧れの人がいるというのは非常に大事なことです。経営コンサルタントという仕事柄、いろんな会社の経歴を拝見することがありますが、何十年前の創業者や社屋などの写真を残しておくと、あとから入社した社員たちも愛着を持ちやすいですね。ディズニーランドでも、建築中の写真などを見せてもらいましたので、今日までの歩みがよくわかり、私も誇りを持って働くことができました」

これはロジェ・カイヨワの４要素の③模倣性でもあり、演じることで仕事を楽しむことにもつながります。

営業マンの研修で、

「自分がトップの営業マンだと思い込んで、トップならどのように営業するのか考えながらやってみるとそれは楽しさにつながります」

と伝えています。

シェークスピア（１５６４〜１６１６）は「かのように振る舞え」という名言を残しています。

あなたも「今日1日をトップ営業マンである」かのように過ごしてみましょう。楽しさに加えて新しい気づきもあるかもしれませんね。

（4）「創業者精神」がホンダのDNAに

「創業者の精神が今も生きているという事例をお話ししますね。先ほど彼は本田宗一郎さんに憧れているということでしたが、小型ビジネスジェット機の新星として登場した『ホンダジェット』は世界を瞬《またた》く間に席巻《せっけん》。まさに航空業界を変革しようとしています。その勢いには圧倒されますね。

生みの親である藤野道格（ふじの・みちまさ）さんは『抵抗勢力があっても性能では負けない』と断言していますが、言われることが創業者である本田宗一郎さんにそっくりです」

「ホンダには、本田さんの精神が今でもしっかり受け継がれていますよね。本田さんは、ご存じのようにオートバイからスタートして自動車に進出しようとしたとき、それを阻止しようとした当時の通産省事務次官であった佐橋滋さん（1913〜

1993）と大ゲンカをしています。何しろお二人とも日本を代表する強烈な個性の持ち主ですから（笑）」

「さすが、本田さんを尊敬しているだけあって、よくご存じですね」

「本田さんは、自動車では後発でありながら、低公害エンジンであるCVCCを開発して、環境面では一気に世界のトップに躍り出ましたね。実は、本田さんは『車の次は飛行機だ』と以前から断言されていました。それを藤野さんが見事に開花させるところが、ホンダの凄《すご》いところだと思います」

「本田さんが亡くなられてだいぶ経《た》ちますが、社員のみなさんは今でも『オヤジさん！』と憧れていますよね。本田宗一郎さんみたいなボスを持った社員は幸せだと思いますね」

「中学生のとき、テレビで本田さんの回顧録を見たのですが、あるイベントで本田さんが登場すると、社員のみなさんが本田さんを『オヤジ！』と大合唱で迎えたのには胸が熱くなりました。

また、私がいまだに感動しているのは、本田さんの盟友であるソニーの創業者井深大さん（1908〜1997）に語った次の言葉です。

『井深さんはいいな、自分の会社に自分の名前をつけなかったから。僕は辞めてまでまだホンダの名が残ってしまう。いろいろためになる失敗はしたが、これだけはしたくない失敗だったな』」

（5）自分で選ぶから満足できる

「えー、話がだいぶ脱線しましたが（笑）、海賊船に乗った感想はいかがですか？」

「本当に船に乗っているみたいで、こだわってつくられているのがよくわかりました。あと、大きなブランコでかなり揺《ゆ》れますから、メリーゴーラウンドよりは迫力ありますが、ジェットコースターほどではありませんでした」

「そうですね。ジェットコースターは怖くて乗れないけれど、メリーゴーラウンドではスリルがなさすぎてつまらないという人には『気軽な絶叫系』である海賊船はお勧めです。

上中下、松竹梅、Aランチ・Bランチ・Cランチのように、中間を用意することで、お客さんが選びやすくなっています。

また、みなさんも子どものころ、ブランコに乗ったことがあると思いますが、初めて海賊船に乗るかたでも『ブランコの延長線上にあるから大丈夫』と想像しやすいので、安心して乗っていただけますね」

メニューをレベル分けしておくと、お客さんに選んでいただくことができます。そうすることで、自分で決めたという意識から買わされたという感情もなくなり、満足度は高くなります。あまり分けすぎると選ぶことが大変になりますので、まずは3段階くらいが目安です。

「ちょっと小腹が空《す》いてきましたね。ちょうどあそこでポップコーンを売っていますので、買ってベンチで休憩《きゅうけい》しましょうか」

第8章 ポップコーンは金のなる木

Chapter Eight

（1）金のなる木をビジネスに用意しておく

「朝から何度か見かけたと思いますが、ポップコーンがあちらこちらで売られていますね。このテーマパークではポップコーン売り場が8か所あります」

「そんなにあるんですか。ほかのテーマパークでもポップコーンバケツを持っている人は多いですし、人気なんですね」

「そうですね。そしてポップコーンはテーマパークや遊園地にとっては収益という面で非常に貢献度の高い商品なんですよ。ちょっと専門的な話になりますが、経営資源を最適に配分することを目的としてボストン・コンサルティング・グループが1970年代に提唱したマネジメント手法に『プロダクト・ポートフォリオ・マネジメント』（PPM）があります。

複数の事業を行なっている企業が事業資金をどう配分するかを決める際に使うフレームワークですが、以下の4つに分類されます。

①金のなる木
②花形商品
③問題児
④負け犬

市場の成長性とシェア（市場占有率）によって決まるのですが、

①の金のなる木は、市場のシェアは高いが、成長性はあまり望めないようなもの。あまり投資しなくても継続的に売上を生み出せるものですので、高利益となります。

②の花形商品は、その名のとおりですが、市場のシェアも高く、成長性も高いものです。シェアを維持するために投資も必要ですが、いずれは金のなる木の候補になるものですので、大切にしていきたいですね。

③問題児は、市場成長性は高いのですが、シェアがまだ低いもの。シェアを高くして花形商品にするために、どこまで投資をするのかがカギです。

④負け犬は、どちらも低いので撤退を検討すべきものです。

①の金のなる木とは、積極投資をしなくても利益を生み出し続けられるものであり、安定した定番というイメージですが、みなさんがよくご存じのポップコーンは、テーマパークや遊園地において①の金のなる木に該当します」

「名前からしてもぜひほしいですね（笑）」

「たしかにストレートな名称ですからね。もちろんこういったマネジメント手法はたくさんあり、それぞれに一長一短があります。どのビジネスにも適合するわけではありませんが、一度自社のビジネスに当てはめて考えるといろいろ見える化されますから、新しい発見があるかもしれません」

(2) ポップコーンだけで利益はどれくらい出るか？

「このテーマパークではポップコーンが8か所で売られているとお話ししましたが、1か所あたりどれくらいの売上を1日で稼《かせ》いでいると思いますか？」

「う〜ん、10万円くらいですか？」

「ここでは１日約25万円売り上げています」

「ほんとですか？　単価の割に大きい売上ですね。でもそれって１か所なんですよね？」

「そうです、８か所ですから計２００万円ですね」

「いやぁ、このポップコーンで１日２００万円……でもなぜ先生はその数字をご存じなんですか？」

「先日、１時間ほどポップコーン売り場の前のベンチに座って、どれくらい売れたかずっと見ていたんです。さすがにクライアントだったり、過去に勤めた企業の数字は明らかにできませんからね。１か所を１時間見た数字からの推測ですよ。ですので、場所によって売上も異なるかもしれません。ただ２００万円から大外れしていないと思います。余談ですが、私は統計分析も行なっていますので、数字には自信があります」

「そこまでするんですね。先生も大変ですね」

「これも仕事ですから（笑）。それに自分で調査した情報は自分にとっても財産となりますから、貴重な活動ですよ。さて、大事な話はここからです。２００万円のうち、利益はどれくらい出るでしょうか」

「いやぁ、それこそ検討もつきませんよ」

「では一緒に計算していきましょう。ポップコーンは原材料がトウモロコシです。ポップコーンはボリュームがありますが、トウモロコシの粒がかなり膨《ふく》らみますから、原材料の状態ではほんの少しです。味付けも塩を振ったりですから大した金額ではないですよね。仮にその原材料費が売上の５％としましょう。この５％は原価率と呼ばれます。原材料費を引いても利益は95％残りますから１９０万円です」

「ほとんどが利益ですね……凄《すご》い……」

「そうですね。ただ、まだ必要なコストがあります。売っている従業員の人件費です。あのポップコーン売り場には3人の従業員がいますよね。仮にここのテーマパークの時給を1，０００円としましょうか。テーマパークの運営時間を午前10時から午後8時までの10時間とすると3人×1，０００円×10時間＝３０，０００円となります。これが8か所ですから24万円ですね」

「それでもまだ１６６万円の利益ですよ！」

「さらにポップコーンをつくる機械のメンテナンスとか諸経費もあるでしょうから、最終的には１４０万円くらい、利益率70％くらいになるでしょうか。もちろんこれはこのテーマパークでの概算ですが、ポップコーン自体が利益率の高いものだとわかりますね」

「まさに金のなる木ですね！」

（3）ポップコーンでもバケツ次第で人気者に

「みなさん、よく見てください。ポップコーンを入れるバケツがいろいろありますよね。今ではポップコーンだけでなくポップコーンを入れるバケツが人気者になっています」

「テーマパークに行くとシーズンによってバケツのキャラクターが変わるので、それを集めている友だちもいます」

「そのキャラクターを目当てにポップコーンを買う人も多くいますので、バケツの内容によって付加価値を高めることができます。またポップコーンの味を変えたり、バケツのバリエーションが増えるだけで購入頻度を高めることができます。ポップコーンはもともとトウモロコシの粒ですから原価は非常に低く、このような高い購入頻度もあって、大きな利益を上げることができます。バケツのことを考えると先ほどの利益率の計算内容も少し変わりますから、よかったら考えてみてくださいね」

一見、ポップコーンのようなどこでも食べられるものでも、ポップコーンバケツという入れ物が付加価値を高めることがあります。おまけがほしくてお菓子を買うのと似ているかもしれませんね。ときに本質的な商品・サービスよりも付加的な商品・サービスのほうに魅力があり、そちらを目当てで購入されることもありますので、何が本質的なものか、付加的なものかということを整理することも重要です。

「あと1つアトラクションを体験いただくのですが、その前に、こうやって座ってお話しするのは本日最後になりますので、今度はマニュアルや従業員についてお話ししますね」

第9章 テーマパークのマニュアルは最強！

Chapter Nine

（1）従業員だって「アトラクション」になれる！

「テーマパークに行って最初に体験するアトラクションはなんだと思いますか？」

「今日はジェットコースターから乗りましたけど、そういうことですか？」

「必ず体験するのは従業員です。違和感があるかもしれませんが、素晴らしいテーマパークの従業員は、それぞれが個性豊かなサービス、対応、声掛けなどでお客さんを楽しませてくれたり、気分を盛り上げてくれますよね。だからアトラクションとも考えられるということです」

「そういうことですか。たしかにチケットを買ったり、テーマパークに入るときに、従業員とのコミュニケーションがありますし、このテーマパークも従業員とお話しすると楽しいですね」

「そして、彼ら従業員から安定したサービスを受けられるのは、優《すぐ》れたマニュアルがあるからこそです。経営コンサルタントとしていろいろな企業のマニュアルを拝見してきましたが、『よくできてるなあ』と感心するマニュアルはあまり見たことがありません。

しかし、優れたテーマパークのマニュアルは、実によくできています。何がよくできているかですが、とくにお伝えしたいのは次の2つのことが書かれてあるということです。

（1つ目）誰のために働いているか

自分が誰のために働いているのかをマニュアルを見るたびに確認できるので、モチベーションを高めることができます。マニュアルを読んでモチベーションを高めるという発想はあまりないかもしれません。しかし、マニュアルを読んで業務を再確認するとき、マニュアルの改訂をするときなどマニュアルを見るたびに、誰のために働いているのかを確認できるので、モチベーションを上げることができます。

（2つ目）行動基準

マニュアルに書いていないことに直面した場合、どのような優先順位で行動していくか、ということです。

そして、優れたテーマパークのマニュアルは『書きすぎない』というのが共通点です。仕事においてすべてのことがマニュアルどおり起こるなんてことはありません。イレギュラーなことはたくさん起きます。そのときに何を基準にどういう順位で行動すればいいのかが書かれてあります」

「なんでもかんでもマニュアルに書いてしまうと、従業員が考えることを止めてしまうし、ボリュームが大きくなるとマニュアルを見るのが面倒くさくなってしまいますよね」

「そのとおりです。行動基準のある会社はそのとおり記載いただければいいですが、ないという会社ではまず仕事への価値観を聞いています。とにかく言葉として書き出していただいて、似たキーワードをまとめたり、優先順位を変えたりして経営者も従業員も納得できるまで行ないます。

モチベーションを高めて、書き過ぎないことで考えさせることができるマニュアル、これが今のところ私がよくできていると思うマニュアルのベースですね」

（２）わかりやすさが求められる環境

「これからテーマパークのマニュアルをさらにお話ししていきますが、最大の特徴はテーマパークのマニュアルは『わかりやすい』ということです。テーマパークにはマニュアルがほかの業界よりもわかりやすいという点で進化せざるを得ない環境が整っていたから、わかりやすいマニュアルに進化することができました」

「どういう環境ですか？」

「２つあります。まず１つ目ですが、テーマパークというのは働いている従業員のバックグラウンドが多種多様です。例えば現場のアルバイトさんでも高校生から６０代以上のかたまでいます。それに学歴も人によって様々です。先ほど誰のために働いているかというお話をしましたが、それが経営理念に書かれているという企業もあるかと思います。でも高校生に経営理念を理解しろといっても、まだ成人していないですし、社会経験もこれから積んでいく世代にそれはなかなかハードルが高いです。だからこそわかりやすさが求められるわけです。わかりやすくどんな年代にも伝わるような表現でなければなりません」

「たしかに世代によって伝わりやすい言葉がありますよね。もう1つはなんですか？」

「2つ目は多くの部署があるということです。テーマパークは600種類の業種の集合体ともいわれています。私のように機械のメンテナンスをしたり、部品の設計をする人もいれば、飲食担当、物販担当など様々です。その中で会社ですから部署の異動があるわけですね。もちろん本人の希望や意向にもよりますが、まったく畑違いの部署に異動することもあるわけです。それこそ機械のメンテナンスをしていた人が、次の日から飲食担当ということもあるわけです。しかし従業員としては、経験がない分野だからしばらく仕事できませんとはいきませんね。もちろんトレーニング期間はありますが、いち早く戦力にならないといけないわけです。そういった人に対してもやはりわかりやすいマニュアルが求められるというわけですね」

(3) マニュアルの落とし穴「自分の常識は他人の非常識」？

「では、どういう内容にすれば、誰もがわかりやすくなるのでしょうか？

その前に、そのわかりやすさを阻害する原因でかつマニュアルが機能しないたった1つの根本原因があります。それは、『マニュアルは仕事を知っている人がつくる』ことです。これこそ、マニュアルを使えないものにしている根本原因です」

「ええ!! そうなんですか？ マニュアルは仕事の内容を熟知している人でないとつくれないじゃないですか」

「そうですよね。仕事を知らない人にマニュアルはつくれません。しかし、仕事を知っている人がつくると、どうしても、その人の常識で書いてしまいます。そうすると、仕事を知らない人がほしい情報が抜け落ちてしまうことがよくあるんですね。

例えば、掃除のマニュアルをつくったとき、マニュアルをつくった人が掃除道具の収納場所を書き忘れたとします。マニュアルをつくった人からすると、掃除道具の収納場所は決まった場所なので、わかりきったこととして書かなかったのかもしれませんが、新人からすると当たり前のことではないので、それをいちいち誰かに聞かなければならなくなります」
「そうなると、マニュアルは『あってもなくても同じ』ことになりますね」
「このような『自分の常識は他人の非常識』これがマニュアルから拭《ぬぐ》えない限りは、マニュアルとして機能しなくなります」

出版の仕事をしているかたから聞いた話です。

仏教界を代表する先生にゴーストライターとしてAさんをつけることになりました。

ところが、Aさんは、文章は上手《うま》いのですが、仏教の知識はほとんどないので、先生からしたら常識的なことを根掘り葉掘り聞くため、「この人間に任せて本当に大丈夫かな?」と疑心暗鬼《ぎしんあんき》になったそうです。

でも、本が書店に並ぶと「老若男女誰もがわかりやすく書かれている」ため、飛ぶように売れたそうです。

（4）わかりやすくするための「16キーワード」

「『自分の常識は他人の非常識』と言葉にするのは簡単ですが、実際にそうならないようにするには、わかっていても難しいものです。では、どういうことを書けば誰もがわかりやすいマニュアルになるのでしょうか？　私は、国内外のいろいろなテーマパークのマニュアルを見て、わかりやすいマニュアルに書かれている共通の16個のキーワードがあることを見つけました。

それが、以下のキーワードです。

①**誰が**（誰がその仕事をするのか）
②**誰と**（その仕事は誰とするのか、1人でするのか）
③**誰に**（誰に対してやる仕事なのか、違う部署の人？　お客様？）
④**誰から**（誰からその仕事の依頼がくるのか）
⑤**何を**（そもそも仕事の内容は何か）

⑥**何と**（何かと一緒にやる仕事なのか、一緒にすることで効率的になるか）
⑦**いつ**（どのタイミングでやるべき仕事なのか）
⑧**いつから**（その仕事はいつから始めるのか）
⑨**いつまで**（いつまでにその仕事を終わらせるのか）
⑩**なぜ**（なぜその仕事をやるのか）
⑪**どのように**（どのようにその仕事をするのが正解なのか）
⑫**どこで**（その仕事はどこでやるのか）
⑬**どこに**（形があるものであればどこに送るのか、渡すのか）
⑭**どこから**（形があるものであればどこから来るのか）
⑮**いくつ**（何回、何個、何種類など）
⑯**いくら**（その仕事にかかるコスト、人件費など）

です」

「ビジネスの基本である『5W1H』とは、どう違うんですか？」

「『16キーワード』は、『5W1H』の派生版みたいなものですが、これがマニュアルの中に全部網羅されているので従業員は迷うことがありません。この16個をキーワードにしているため、マニュアルのボリュームを抑えることができます」

「16個もキーワードを書くとボリュームも増えて大変ではないですか？」

「たしかに16個も書くのですかと研修でも質問されることがあります。それがむしろ16個に絞り込むことによって無駄な情報が削《そ》ぎ落されスリムになるんですよ。いかにふだん伝えなくてもいい情報を盛り込んでしまっているかがよくわかります。それに16個のキーワードを確認しながら書くと、情報の抜け漏《も》れを防止することができます。また、16個のキーワードですが、キーワードの中には業務内容によっては記載できないものもあります。時間に関するキーワードは『いつ』、『いつから』、『いつまで』ですが、窓口業務のような場合、お客さんが来たときにする仕事は『いつ』しか該当しませんからね。このようにすべては記載できないこともあります。目安はまず10個埋めてみることです。そうすると仕事の全体像が見えてきます。

　この『16キーワード』については、企業の方々に研修でお伝えしていますが、ある商工会議所で講演したあとに懇親会で市の職員のかたから『生産性の向上はどうやったらいいでしょうか?』と聞かれましたので、この『16キーワード』のお話をしたら、その後、電話をいただきました。『年度替わりの引き継ぎにこれを利用したところ、残業時間が例年の10%も減らせました』とのことです。

様々な業種から成り立っているテーマパークのマニュアルですから、この『16キーワード』は、行政から各業種まで幅広く応用できます。

みなさんが、この『16キーワード』を頭に入れたうえで仕事をすると、ミスが大幅に無くなります。例えば、『仕事の締め切り』などを『5W1H』でやると『いつ』の1つで終わってしまいますが、この『16キーワード』ですと『いつ、いつから、いつまで』と3つありますので、確実に相手の期待に応えることができ、業績もアップすると思いますよ」

(5)「ディズニーランドの社員育成」は子どものころから

マニュアルのことをお話ししてきましたが、『人がいてこそのテーマパーク』です。ただ「非日常」だけを求めるのなら「ゲーム」でもいいわけです。

富士急ハイランドの研修に行ったとき、富士急行線を利用したのですが、改札口で駅員がハサミで切符を切っていたのを何十年ぶりかに見て懐《なつ》かしかったですね。ちょうど私が帰るころ、高校生たちも帰る時間で「おかえり」、「今日は早いね」など挨拶を交わしているのを見て、むかしはこんな感じだったなと思い出しました。

現在は、自動改札が主流ですから、ますます人と人とのコミュニケーションが希薄になってきていると感じています。私の子どものころだと連絡手段は電話でしたが、それがメールになり、今はSNS上で連絡をとることが当たり前になっていますからね。テーマパークの大きな役割は、こうした時代に対して人と人とのコミュニケーションの大切さを伝えるところにあると思っています。

そんな中で「ディズニーランドでは新人教育や人材育成にどのくらい時間をかけているのですか？」とよく聞かれるのですが、もちろん会社で育成期間は決まっています（個人的には一生勉強だと思っていますが）。

でも私には「ディズニーランドの社員育成は子どものころから始まっている」とい

う持論があります。

第1部で述べたように、子どものころ、親に連れられてディズニーランドへ遊びに行くと、キャストが笑顔で親しく接してくれるので、ディズニーランドには素敵なお兄さん、お姉さんがいるというイメージを持ったまま大きくなるわけです。直接のコミュニケーションでディズニーランドのキャストに対して、いいイメージを持っている子どもはたくさんいると思います。

そうした気持ちを抱いたまま大きくなり、学生時代に遊びに行くわけです。そうすると、キャストが生き生きと楽しそうに働いているのを見て、「自分もここで働いてみようかな」という気になって、アルバイトや社員として応募してくるわけですね。

彼らは、子どものころから、どういう姿勢やマインドで仕事をするのかということをキャストの背中から遊びながら見て学ぶので、こうあるべきキャストという理想像が既にできあがっています。そのため即戦力として活躍してくれるのだと考えています。

彼らは子どものころから素敵なキャストを見て育ってきているので、「私もあの人たちのようにゲストに夢を与えられるような人になろう！」という志で入社しているのです。

「スポーツ選手のように子どもたちに憧れるような人に自分もなろう！」という気持ちが強い人たちが応募してくるので、ディズニーランドにはいい人材が集うことになるのではないでしょうか。

人手不足といわれる昨今です。時間はかかりますが、憧れられる仕事なのか、憧れられる働き方なのかということから見直すことも大切ではないかと思います。

「さぁ最後のアトラクションに向かいましょうか」
「最後のアトラクションはなんですか？」
「乗り物ではないですよ。さてなんでしょうか？」

第10章 ルールとマナーの浸透はお化け屋敷から学べ！

Chapter Ten

（1） お化け屋敷の恐怖と仕事上の不安は同じ

「最後のアトラクションはお化け屋敷です。みなさん正解でしたか？　バイキングでは、みなさん自ら海賊を演じてもらいました。これから入るお化け屋敷はちょっと現実的なお話ですが、従業員がお化けを演じます。『どうやったらお客さんにスリルを味わって楽しんでもらうか』を日夜考えていますので、従業員のやる気向上にもつながっています」

「観覧車のところで教わりましたよね。仕事を楽しむためにはロジェ・カイヨワの4要素があると。1つ目はゴーカートのような競争性。2つ目は観覧車のような偶然性。3つ目は模倣性。4つ目はジェットコースターのようなめまい。すると、このお化け屋敷は模倣性ということになりますか？」

「そういうことです。まさに模倣性です。ところでお化け屋敷は怖いですか？」

「怖いで～す」

「では、どうして怖いと思いますか？」

「暗いし、突然驚かされるからです」

「たしかにそれが一番の理由ですね。それもありますが、先が見えないから怖いということもあります。いつ、どれくらい歩けば、このお化け屋敷が終わるのかがわからないので、不安から恐怖に変わります」

「ビジネスに置き換えるとよくわかりますね。生命保険などは『自分が亡くなったあと家族はどうなるだろう？』という先がわからないという不安が1つのキーワードですもんね」

「逆に、お客さんに安心してもらうには先を見せることが大切です。この計画でいけばこうなりますよ、と

お化け屋敷例
「スリラーマンション」
（広島県　みろくの里）

いう青写真を見せてあげればお客さんは安心しますね。会社でも報告・連絡・相談の頭文字でホウレンソウと呼ばれるように、部下は上司に仕事の進捗《しんちょく》状況を正直に話すと上司も安心できます。ところが、部下が１人で問題を抱えていて大炎上することもあります。計画と現状さえわかれば上司は部下にどうアドバイスしたらいいかわかりますので、問題が起こっているかどうかは関係なく、定期的にホウレンソウの実施は必要ですね」

「ところで先生、以前テレビで見たことがあるんですが、お化け屋敷に男子大学生数人が押し掛けて演者である従業員を殴《なぐ》ってしまったという事件がありましたね。従業員も大変ですね」

「怖さから反射的に叩《たた》いてしまうケースやおっしゃったように悪ふざけで暴力を振るうケースもあります。ですから、お化け屋敷の場合、演者である従業員の身の安全を守ることも大事になってきます。どうしてもお客さんばかりに目を向けがちですが、身内も守らなければなりません。

　みなさんの会社でも顧客満足度は大事ですが、従業員の満足度をどうやって高めていくかも大事ですよ」

「私たちの会社でも、今は人手不足ですから社員をいかに引き留めておくかが重要な課題になってきています。そのためには従業員満足度をもっと高めていかなければなりません。ところで、演者の身の安全をどうやって守っているんですか？」

「従業員が殴られそうになった場合、どうやったら逃げられるのか、隠れるスペースをつくるなど、お化け屋敷内の設計を綿密に立てています。また女性の演者には大柄な男性の演者にペアになってもらって、お化けとして自らも演じますけど、女性に何かあったら助けてあげる役割も担《にな》ってもらっています。お化けのボディーガードですね」

(2) マナーは教えるから浸透しない？

「いかがでしたか？　怖かったですか？」

「怖かったけど楽しかったです」

「私自身がお化け屋敷は苦手なのですが、楽しんでいただけてよかったです。仕事なので自分が携わったお化け屋敷は、どこからどのタイミングでお化けが出てくるかわかっているのですが、わかっていても私は怖いです（笑）。私のことはさておき、お化けがみなさんを怖がらせようとしてどこまでも追いかけてくるなど無茶なことはしてきませんでしたか？」

「いえ、そんなことはありませんでしたよ」

「それはよかった。たまにお化けがお客さんを怖がらせようとしてルールを逸脱してしまうことがあるものですから。やっぱりお化けとしては驚いてもらってなんぼなわけです。だからついつい過度に追いかけてしまったり、オーバーアクションでお客さんに触れてしまったりということがあります」

「先生、そもそもお化けにルールがあるんですか？」

「もちろんありますよ。驚かし方とかなんでもかんでもやっていいわけではありません。例えばお化けとお客様の延長線上にガラスのような割れ物があると、驚かされた拍子にお客さんが後《うし》ろに下がり、ガラスにぶつかって割れることでケガをする可能性だってあるわけです。驚かし方も安全上のルールがきちんとあるので、怖いけど安全

に楽しんでいただけるわけです」

「それでも驚いてくれると楽しいから、ルールを逸脱しちゃうんですね」

「そういうことです。そうするとケガの元になるので、お客さんにとっては残念な思い出になってしまいます。お化けとしてはよかれと思ってやっているのに。これがなぜ起こるかというと提供の優先順位を間違っていることが原因なんですね。

『安全とスリル』、お化け屋敷にはどちらも必要です。ただしスリルを提供できても、安全でなければレジャーとして成立しません。安全は絶対です。だからルールがあるのです。ではそのルールをどう守ってもらうかですが、なぜそのルールを守る必要があるのかということを、理由を加えて説明する必要があります。この場合だとオーバーアクションによるお客様のケガですね。それを防ぐためにルールがあるのだと説明する必要があります。

そうしてもう1つ肝《きも》になるのが、もしオーバーアクションすれば、どういう流れでケガをさせてしまうかイメージしてもらうことです。これはトイレのところでもお話ししましたね。理由を説明しても納得してもらえるかは別です。納得してもらうためには自分で考えてもらうことが必要です。一方通行で説明されても納得できるとは限らないですからね」

「お化け1つとってみても奥が深いですね」

「ありがとうございます。ところで、ルールの話になりましたから、マナーのお話もあわせてしておきますね。

テーマパークや遊園地は、どこも敷地が広いので、社員の移動用であったり、最寄りの駅までの送迎用として従業員専用のバスがあるところが多いです。

私がディズニーランドで働いていたとき、そういったバスに乗るときはドライバーさんに『お願いします』、降りるときは『ありがとうございました』と言っていました。会社から『そうしなさい』と教えられたわけではなく、先輩がそうしていたから私も同じようにしただけです。これは、ルールではなくマナーですよね。言わなければ乗せてもらえないというわけではありません。マナーは『できればそうしたほうがいい、推奨《すいしょう》されるもの』でもあり、それを強制されると人はなかなか動きません。だから教えるのではなくて見せているのですね。

地方の遊園地へコンサルテーションに行ったときのできごとです。この会社ではオリエンテーションのときに『ドライバーさんには、乗り降りするとき、きちんと挨拶してくださいね』と教えていました。どうなったかといいますと、見事に挨拶は浸透していませんでしたね」

製造業の場合、工場など安全上の問題もありますからルールは絶対必要ですが、マナーなどは上司が見本を示してやるほうが社員も身につきます。

私の「テーマパークで社員研修」でこういったルールとマナーのお話を参考にされた製造業のかたから「職場のルールとマナーが浸透できて、不良品の発生率が3分の1になった」という嬉《うれ》しい知らせもありました。

（3）「危ないからダメ！」では成長しない

「お化け屋敷はお化けもこうやって驚かしたいというのがありますので、それに対して、私のような安全担当者と安全かどうか協議することがあります。安全性向上は私にとって一番の得意分野なのですが、かなり嫌われる仕事でもあります」

「どうしてですか？」

「なぜかと言うと、エンターテインメント系の部署が企画したイベントについてダメ出しをするような立場でもあるからです。例えば、そういった部署と私との会話です。

エ：少し高い場所でダンスを踊りたい
私：危ないからセカンダリーロープ（命綱）をつけてください
エ：自由に踊れなくなる
私：では落ちないように柵《さく》をつけてください
エ：ダンスが見えなくなる

こんな感じで延々とやりとりが続きます。

しかし、この事例は、まだマシなほうです。

ひどいのは、

エ：少し高い場所でダンスを踊りたい

私：危ないからダメ！

こうなっては、『じゃあ、どうすればいいの？』となりますよね」

「『危ないからダメ！』と言うだけなら一番簡単ですからね。私でも言えますよ（笑）」

「これでは、安全担当者として、そして会社としても何も成長することがありません。どうすれば安全に実現できるのか、一緒に考えなければなりません。落ちても大丈夫なように、クッションを敷《し》いておけばいいかもしれません。縁《ふち》から離れたところで踊ってもらうことも有効かもしれません。

会議などで『否定』だけの人っていませんか？　代替案もなく否定するだけでは話が前進しませんし、成長しません。企業内だったら、仕事における本来の目的は同じはずです。目的が同じで、その目的を達成するために衝突《しょうとつ》するのは健全な姿です。その衝突をよりいい方向に向かせるためにも、否定するだけでなく、どうすればできるかを一緒に考えてみましょう」

（4）「ビールタイム」で整理整頓

「ルールとマナーのお話もしましたので、整理整頓のお話もあわせてしておきます。整理整頓されていない職場だと、何かにつまずいて転《ころ》んだりして思いがけないケガを負ってしまいます。だから、整理整頓は安全にとって非常に大切な要素です。みなさんは、整理整頓が好きですか？」

「好きではないですね。面倒くさいと思ってしまいます」

「もちろん整理整頓が好きなかたもいらっしゃると思いますが、どちらかというと苦手という人が多いのではないでしょうか。そんな苦手なかたでも、やる気が出る秘訣《ひけつ》があります。それは『整理整頓』という言葉を使わないことです。

子どものころ勉強が苦手だったかた、『勉強』って言葉は好きですか？　あまり好きじゃないというかたが多いのではないでしょうか。それと同じで、整理整頓が苦手なかただったら『整理整頓』という言葉を聞くだけで、気持ちが萎《な》えてしまうと思います」

「たしかに勉強なんかは聞いただけでやる気がなくなってしまいますね（笑）。あ、今日の研修は楽しいですよ！」

「お気遣いいただき、ありがとうございます（笑）。秘訣ですが、『整理整頓』という言葉を使わないで、別の言葉に置き換えればいいんですよ。

例えば、私のクライアントで製造業の会社では、『整理整頓の時間』を『ビールタイム』という名前に変更しました。

これは、その職場がビールの好きなかたばかりだったので『ビールタイム』になったのですが、その職場にふさわしい名前に変更すればいいわけです」

「まさか、『ビールタイム』だからといって勤務中にビールを飲むわけではありませんよね（笑）」

「もちろんです（笑）。でも『整理整頓』と言うよりも『ビールタイム』と言ったほうが、身体が動きやすくなります。『ビールタイム』と言うと、無意識に脳がビールをイメージします。そうすると、ビールが好きな人にとっては、好きなことを頭に思い浮かべるので、気分がよくなってくるからです。

ウソのような話ですが、これで成果を上げるクライアントは多いです。たったこれだけのことで、重たい腰を上げてくれるのですから、みなさんの職場でも試してみてはいかがでしょうか」

ほかのやり方として、ごみ拾いにスポーツの要素を加えた「スポーツごみ拾い」のイベントが各地で開かれているそうです。決められたエリア内で、制限時間内に拾ったごみの量をチーム同士で競い合うというもの。

イベントの名称は「スポＧＯＭＩ」といい、一般社団法人「ソーシャルスポーツイニシアチブ」（東京都）が普及を進めているそうです。

街中でごみが落ちていても、ほとんどの人は拾おうとはしません。代表の馬見塚健一（まみつか・けんいち）さんは10年ほど前、日課のランニング中にごみが気になり拾うようになったそうです。

そのうち、いかに速度を落とさずに拾うか「挑戦」をするようになり、スポーツをしつつごみを拾う楽しさに気づき、「スポーツの要素を加えて若い人を呼ぼう」と「スポＧＯＭＩ」を開催。参加した子どもたちは、ごみ問題以外にも、節電など環境への意識が向上したそうです。

馬見塚さんは「楽しむという経験によって、イベントが終わったあとも環境に対する意識が継続しやすいようだ」と語っていらっしゃいます。ロジェ・カイヨワの競争性の要素も関係していますね。

以下は、知人から聞いた話です。

Sさんは、「将来、飲食店の経営者になりたい」と夢見て、北海道から15歳のとき上京します。胸を膨《ふく》らませ、ある飲食店で働き始めましたが、来る日も来る日も「皿洗い」ばかり。

「こんなはずじゃなかった。辞めちゃおうかな……」とまで落ち込んでしまいますが、「待てよ。この皿洗いをゲームとして考えたらどうか？」と思い直し、「この皿を何分で洗うことができるか挑戦しよう！」と目の前に時計を置き、スポーツ感覚でやり始めたところ「皿洗い」が楽しくなったそうです。

その後、Ｓさんは、自分の夢を見事叶《かな》えたそうです。

ちょっとしたアイデアで「苦しみ」も「楽しみ」に変わるのですね。

(5) あなたは「新車派?」「中古車派?」

「さぁ、本日の研修の最後の学びです。お化け屋敷が今日乗ったほかのアトラクションと異なるところはどういうところでしょうか?」

「お化け屋敷だけ乗り物ではありませんでした」

「たしかにそうですね。それも正解ですが、ほかにいかがでしょう?」

「お化け屋敷だけ屋内の施設ですね。ほかのアトラクションはすべて屋外でした」

「そのとおりです。屋内だから雨でも楽しめるという観点では観覧車やメリーゴーラウンドと同じですが、お化け屋敷は中がどうなっているかわかりませんね。テーマパークにとって屋内型のアトラクションは経営判断の腕の見せどころになることもあるんです」

「どういうことでしょうか？」

「屋外型のアトラクションを建設するときは、どれくらい工事が進んでいるかお客さんからも見えますよね。でも屋内型のアトラクションは建物の中にお客さんが入れるわけではないので、進捗《しんちょく》具合はまったくわかりません。テーマパークによってはまだ工事をしているようでも、実は建物の中ではできあがっているというものもあります。

最近はアトラクションのオープン日を早めに公表するところが多いですからあまりないですが、隠し玉として持っておけるのです。もちろんその間はテストでアトラクションを動かし続けて、初期故障をなくすようにもしています。完璧《かんぺき》ということにこだわりのある経営者だと隠し玉作戦を選ぶかもしれませんね。

新しいアトラクションというのはやはり集客力があります。仮に工事が完了してオープンできるようになっていても、そのとき集客に困っていなければ、集客がどうしても落ちる冬などにアトラクションをオープンさせるということができるのです。これは屋内型の特権ですね。集客力があるということはオープンさせれば売上が増えるわけです。少しでも早く売上を増やすために工事が終われば即オープンという経営者もいますよね。どちらにしても腕の見せどころです」

私の研修では、

「みなさんがビジネスを始めるのに自動車が必要な場合、①新車が買えるまで待つのか②それともとりあえず中古車でスタートするのか、①②どちらもメリット・デメリットがありますが、どちらを選びますか？」

という質問をします。どちらが正解とも言えません。見た目も大事だから新車でスタートさせたいというこだわりも正解でしょうし、中古車でもまずは始めるということで売上を少しでも早く積み上げていくということも正解でしょう。みなさんは、新車派ですか？　中古車派ですか？

「これで『テーマパークで社員研修』は終了です。１日中、テーマパークの中を歩いたり、アトラクションに乗ったりでお疲れだと思いますが、いかがだったでしょうか？」

「正直、ここまでいろんなことが学べるとは思っていませんでした。研修って退屈なイメージでしたが、こんな楽しくて学べる研修もあるんですね」

「ありがとうございます。ただ聞くだけではなく、実物を見たり触ったり、それこそ五感で学ぶ研修ですし、楽しい思い出としてみなさんで語り合ったりできますからね、学びが定着しますよ。

それから、今日はみなさん積極的に学んでいただきましたので何も心配していないですが、『遊んで楽しかった』で終わらないようにレポートを用意しています。どうやって今日の学びを会社での仕事に活かすかを考えていただくレポートですので、積極的に取り組んでくださいね」

「今日のことを思い出しながら書くレポートだったら喜んでやります！」

「提出いただくのを楽しみにしています。それではこれでいったん解散しますね。お土産《みやげ》を買いに行く人は一緒に行きましょう。本当にお疲れさまでした！」

テーマパークで社員研修風景
経営者の集まりでも開催しています

おわりに

最後までお読みいただきまして、ありがとうございました。いかがだったでしょうか。「テーマパークで社員研修」をやろうと思ったのは、楽しく学ぶにはどうすればいいかを考え始めたのがきっかけでした。私は座学のいわゆるこれぞ研修というスタイルも実施しますが、やはりいい話を聴いたで終わることが多いんですよね。もちろん講師の手腕が問われる部分でもありますが、楽しくて、その後も活用し続けられる研修って本当に少ないと感じています。

でもテーマパークや遊園地に行ったときのことって思い出として残るじゃないですか。受講生が同じものを触ったり、同じ音を聞いたり、全員が経験を共有できるので、あとからも思い出として話せるし、それがきっかけで気づきになったり。それに楽しいと積極的に受講できますからね。

私も勉強が好きかと聞かれると好きとも言い切れません。それでも中小企業診断士の勉強ができたのは、たまたま勉強したタイミングが財務会計とかを楽しいと思えるタイミングだったんですね。楽しいことって続くじゃないですか。だから楽しく学ぶということを提供し続け、少しでも経営を学ぶことが楽しいと思える人が増えてくれたらなと思います。そして、その人が仕事で成果を出して、収入が上がったり、家族と過ごせる時間が増えたり、幸せや成功をつかみ、さらには企業の人手不足解消など社会問題解決につながってもらえればと願っています。

テーマパークについては、バブル期に建設された施設が次々と倒産していきました。しかし最近ではリーマンショック以降、業界全体としては右肩上がりの業績を残す施設が多いです。周辺施設の倒産によって、地域の中で独り勝ちの状態になった施設もありますが、テーマパークや遊園地という場が求められているということも事実です。クライアントのテーマパークや遊園地において、私が現場に立ってお客様とお話してもそれは感じます。リアルな場で家族や友人、仲間たちと楽しみを共有できる場として残していかなければならない施設であると信じています。

大型テーマパークでは毎年のように大型施設建設など景気のいいニュースが流れます。2022年オープンを目指す東京ディズニーシー拡張工事の投資額は2,500億円にもなるそうです。なぜここまでやるのかというと、やはりテーマパーク自身も進化していかないと飽きられるからです。この拡張でまた楽しい時間を過ごせる人が1人でも増えてくれたらと思います。私自身も家族で遊びに行くのが楽しみです。

では一方で地方のテーマパークや遊園地はどうかというと、そこまでの設備投資は困難です。売上が数億円から数十億円という施設が多い中で、メリーゴーラウンドのようなアトラクション導入も大きな投資です。規模にもよりますがメリーゴーラウンドでも数千万円から1億円くらいになりますから、数億円の売上と比較して非常に大きな投資になるということはおわかりいただけるかと思います。それに既存施設の安全管理や維持費だけで投資の余裕はとてもありません。事故を起こしてしまっては事業の継続自体が困難ですからね。

それでもやはり何もしなければ飽きられてしまいます。だから日々アイデアを絞って小さなイベントをコツコツやったり、接客を変えてみたり、できることはなんでもやっています。東京ディズニーリゾートやユニバーサル・スタジオ・ジャパンと比べるとどうしても見劣りするところがあるかもしれません。でも、その地域に存在する身近さ、地元の従業員が多いというアットホーム感は地方遊園地ならではだと思いますので、温かい目で見ていただき、応援していただければ嬉しいです。

そしてテーマパークの中で働いてみると非常に多くの経験ができます。ぜひ一度は学生時代のアルバイトとして経験してほしいのですが、なぜ多くの経験ができるかというとテーマパークは「街」だからです。街を経営しているという意味では、形は行政組織に近いのかもしれません。本書でも触れましたが、テーマパークには多くの部門があり、部門同士の独立性も高いため、いわゆる縦割りの組織です。でもその組織がお客様のために一体となって動くのです。言葉で表現するのは非常に簡単ですが、実際にやってみるのは非常に苦労しました。

どうすれば自分の提案を受け入れてもらえるのか、他部門と協力するにはどう働きかければいいのか、多くの部門が納得できるような共通の判断基準をどうつくればいいのか、そして1つの方向に全員が向いて仕事をするにはどうすればいいのか、社会人としてはもちろんですが、経営者として大切なこともたくさん学べます。こういったことは本書で書き切れない部分も含めて「テーマパークで社員研修」であったり、講演などでお伝えしていますが、これから社会に出ようという人はぜひテーマパークで働いてみてほしいですね。きっと大きなステップアップのきっかけになりますよ。

　こうやってテーマパークや遊園地を切り口に経営のことを話せるのも、ディズニーランドや株式会社ユー・エス・ジェイでたくさん勉強させていただいたり、クライアントのテーマパークや遊園地でお仕事をさせていただいているからです。いつもありがとうございます。私が代表取締役を務める株式会社スマイルガーディアンの企業使命は「世界中の笑顔を守る」です。クライアントはもちろんですが、重大事故をゼロにして1人でも多くのお客様が楽しめるテーマパーク・遊園地であり続けられるように国内外問わず、全力で行動してまいります。

そして、本書や「テーマパークで社員研修」をとおして、テーマパークや遊園地の新しい魅力に気付いて、その施設のファンになってくださる方々が増えてくれたら嬉しいです。業界を盛り上げる1つの手段として今後も継続していきます。

最後に、いつも元気をくれる家族にも本当に感謝しています。ありがとう。先日、ついに5歳の娘がジェットコースター（ローラーコースター）に乗りました。大きくなって身長制限の高いコースターにも私と乗ってくれますように……ささやかな父としての夢です。

2019年5月

清水　群

［著者紹介］
清水群（しみず・ぐん）

1981年兵庫県生まれ。株式会社スマイルガーディアン代表取締役、テーマパークコンサルタント、中小企業診断士。日本を代表する二大テーマパークで接客、機械メンテナンス・設計、安全管理、業務改善などを10年担当したのち、二大テーマパーク出身の日本で唯一のテーマパークコンサルタントとして独立。「世界中の笑顔を守る」という企業使命のもと、国内外の遊園地やテーマパークの経営改善、安全性向上などをサポートしている。また、テーマパークや遊園地で遊びながらビジネスを学ぶ「テーマパークで社員研修」と題した楽しく積極参加できる研修に定評がある。

株式会社スマイルガーディアン
https://www.gunsul.jp/

「テーマパークで社員研修」問い合わせ先

なぜテーマパークでは朝から風船を売っているのか？
テーマパークで学ぶビジネスの教科書

著者　清水群

二〇一九年七月二〇日　初版印刷
二〇二〇年七月三〇日　2刷発行

発行者　山下隆夫
発行　株式会社　ザ・ブック
東京都新宿区若宮町二九　若宮ハウス二〇三
電話（〇三）三二六六－〇二六三

発売　株式会社　河出書房新社
東京都渋谷区千駄ヶ谷二－三二－二
電話（〇三）三四〇四－一二〇一（営業）
http://www.kawade.co.jp/

印刷・製本　株式会社　公栄社

ISBN 978－4－309－92178－5 C0030